Natália Dourado von Rahden
Teresa Di Fonzo-Weil

Vamos lá

Grundkurs Portugiesisch

Max Hueber Verlag

An der Entstehung dieses Buches haben mitgewirkt:

Jürgen von Rahden
Maria Moura
João Moura
Manuel Nobre
Manuela Nobre
Maria José Prata
Rolf Weil-Di Fonzo
Adelina de Almeida Sedas
J. Guilherme de Almeida Sedas
Constança de Andrade
Peter Stegmann

Ihnen allen gilt unser besonderer Dank.

5. 4. | Die letzten Ziffern
1999 98 97 | bezeichnen Zahl und Jahr des Druckes.
Alle Drucke dieser Auflage können, da unverändert, nebeneinander benutzt werden.
1. Auflage

Layout: Eckhard Popp, Markt Schwaben
Verlagsredaktion: Elisabeth Stiefenhofer, Ismaning
Zeichnungen: Herbert Horn, München
Umschlagfotos: Herbert Schiessl, Unterföhring
Peter Moerkerk, Unterhaching
Satz: Kurt Schindler, Bild- und Textverarbeitung GmbH, München
Druck: G. J. Manz Aktiengesellschaft, Dillingen/Donau
Printed in Germany
ISBN 3-19-005155-0

VORWORT

„**Vamos lá** – laßt uns aufbrechen“: unter dieses Motto haben wir unseren Portugiesischkurs für Anfänger gestellt. Er vermittelt Ihnen – nach dem neuesten Stand der Fremdsprachendidaktik – Grundkenntnisse der portugiesischen Sprache, die es Ihnen ermöglichen, sich mit portugiesischen Muttersprachlern in Alltagssituationen zu verständigen. Schritt für Schritt lernen Sie

– sich einzuhören in die (für Ausländer nicht ganz leichte) Aussprache des Portugiesischen
– zu verstehen, was portugiesische Gesprächspartner Ihnen sagen möchten
– sich selbst auf portugiesisch (mündlich wie schriftlich) zu äußern.

Damit Sie nicht auf halber Strecke steckenbleiben, möchten wir Ihnen aus der Praxis ein paar Tips für das (Nach-)Lernen zu Hause mit auf den Weg geben:

– Wenn Sie eine Unterrichtsstunde versäumt haben, fragen Sie andere Kursteilnehmer oder den Kursleiter nach dem Lernstoff der letzten Stunde.
– Zu Ihrem Lehrbuch **Vamos lá** gibt es eine Cassette mit Aufnahmen der wichtigsten Lektionstexte (Hueber-Nr. 1.5155). Sie sind im Buch mit dem Tonbandsymbol gekennzeichnet. Hören Sie die entsprechenden Textstellen ein paarmal an und lesen Sie mit.
– Sie werden nicht alles gleich verstehen. Erschließen Sie deshalb mit Hilfe des Lektionswortschatzes im Anhang des Buches Passagen, die Sie nicht auf Anhieb verstanden haben und kehren Sie dann zum Text zurück. Am Ende dieser Arbeitsphase sollten Sie keine Verständnislücken mehr haben.
– Prägen Sie sich nicht nur den neuen Wortschatz sondern auch die neuen grammatischen Strukturen der Lektion ein. Eine systematische Zusammenstellung und Erläuterung finden Sie ebenfalls im Anhang des Buches in der nach Lektionen angeordneten Grammatikübersicht.
– Wiederholung ist wichtig! Beziehen Sie in Ihre Arbeit immer auch Lernstoff aus vorhergehenden Lektionen mit ein, um vorhandene Kenntnisse zu festigen.
– Zum Schluß noch ein Wort zum Vokabellernen: es gibt viele Möglichkeiten der Wortschatzarbeit. Eine der wirksamsten ist es zweifellos, sich nicht isolierte Vokabeln sondern Satzzusammenhänge einzuprägen. Sie können sich auch eine eigene Vokabelkartei anlegen, in der Sie Ausdrücke, Verbformen, grammatische Strukturen, etc. notieren, die Sie noch nicht sicher beherrschen. Konzentrieren Sie sich beim Lernen auf dieses Material. Karteikärtchen, deren Inhalt Sie sich angeeignet haben, werden abgelegt, so daß Sie Ihre Lernfortschritte gut kontrollieren können.

Wir möchten, daß Ihnen das Portugiesischlernen Spaß macht. **Vamos lá!**

INHALT

TURISMO

UNIDADE 1

1

□ Boa tarde. Eu chamo-me Gabriela Antunes, e o senhor?
■ Eu chamo-me Paulo Garcia.
□ E a senhora? Como se chama?
○ Eu chamo-me Manuela Nobre.
□ E a senhora?
● …

Eu chamo-me…	

E o senhor? E a senhora?	Como se chama?

Actividade 1 Eu chamo-me…

Ihr Portugiesischkurs findet das erste Mal statt. Nehmen Sie mit anderen Kursteilnehmern Kontakt auf.

2

□ Quem é o senhor Cardoso?
■ Sou eu.
□ E a senhora Dona Margarida?
○ Sou eu.
□ E o senhor Silva? Quem é?
△ É ele.

Quem é	o senhor…? a senhora Dona…? a menina…?

Sou eu.	É	ele. ela.

3

□ O senhor é o Sr. Sousa?
■ Sou sim.
□ Gabriela Antunes.
■ Muito prazer.
□ Igualmente.
E a menina é a Sónia Marques?
○ Não. Não sou. Sou a Graça Real.
□ Desculpe… como?

O senhor A senhora A menina	é	o Sr. Cardoso? a Sra. D. …? a Sónia Marques?

Sou sim.
Não. Não sou.
Não. Eu chamo-me…

Actividade 2 — Quem é o senhor?

Identifizieren Sie sich mit einer der unten angegebenen Personen.
Lernen Sie sich kennen, indem Sie nach den anderen Personen fragen.

Lady Di François Mitterrand **Ute Lemper** *Rudi Carell*

Oskar Lafontaine **Amália Rodrigues** *Gina Lollobrigida*

Richard von Weizsäcker Woody Allen **Nina Hagen**

4

Gabriela Antunes.	Muito prazer.	Igualmente.
Este é o Paulo. Esta é a Clara.	Olá!	

Actividade 3 Quem é este?

□ Quem é este? É o Manuel Alegre?
■ Não. Não é. É o Raul Solnado.

□ Quem é esta? É a Rosa Ramalho?
■ Não. Não é. É a Amália Rodrigues.

Eusébio?
Cavaco Silva

Otelo Saraiva?
Mário Soares

José Afonso?
Álvaro Cunhal

Agustina Bessa Luís?
Vieira da Silva

Luís de Camões?
Fernando Pessoa

Leonor Beleza?
Rosa Mota

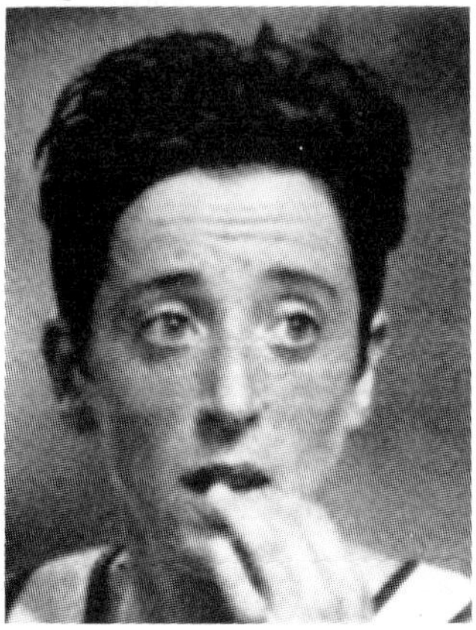

5

□ Bom dia, Sra. D. Margarida.
■ Ah! Sr. Sousa, como está?
□ Bem, obrigado, e a senhora?
■ Mais ou menos.
□ E o menino como vai?
■ Ah! Ele está sempre bem…
…
□ Bem, então adeus, minha senhora.
■ Adeus!

6

□ Olá Manuela, como vai?
■ Bem, obrigada, e o Paulo?
□ Estou óptimo.
…
■ Então, adeusinho.
□ Até logo, Paulo.

7

□ Olá Carlos, como estás?
■ Estou bem, obrigado, e tu?
□ Estou óptimo.
■ Esta é a Ana Maria.
□ Olá, Ana Maria.
○ Olá, e tu, como te chamas?
□ João.

Bom dia Boa tarde	minha Senhora, Sr. Silva,	como está?
Boa noite Olá	Manuela, Margarida,	como vai? como estás?

(Estou)	bem/óptima. óptimo. mais ou menos. mal.

Actividade 4 Como está?

Stehen Sie auf und sprechen Sie drei Personen verschiedenen Alters an. Begrüßen Sie sie, und fragen sie nach ihrem Befinden.

Actividade 5

Procure a resposta certa:

Quem é o Sr. Weber?	É a Maria José.
O senhor, como se chama?	Não. Não sou. Eu sou a Sónia.
Quem é esta?	Mário Fontes.
Como está, minha senhora?	Sou eu.
O Sr. Silva está bem?	Não, está mal.
A menina é a Carla?	É a Amália Rodrigues.
Desculpe ... quem é esta menina?	Sou sim.
Tu és o Paulo?	Não estou bem.
Vai bem, Paulo?	Óptimo, obrigado, e a Fernanda?

Actividade 6

Am Hauptbahnhof in Lissabon werden Sie von zwei Portugiesen erwartet, die Sie zwar per Brief kennen, aber nie gesehen haben. Sie heißen Manuela und Paulo. Sprechen Sie verschiedene Personen an und stellen Sie sich auch vor.

Actividade 7

Dominó

Bilden Sie mit den untenstehenden Wörtern acht Sätze unter Verwendung von jeweils drei Satzelementen.

quem — a Sra. D. Clotilde? — como está
o Manuel? — então — chamas?
senhora? — é — estou
como — e o senhor? — mais ou menos
Cláudia — chamo-me — e tu?
Clara Nunes — minha — adeus
vai — sou — a Lina Rocha
muito prazer — olá — como te

Quem é a Sra. D. Clotilde?
Olá, como te chamas?
Como está minha senhora Lina Rocha
a Lina Rocha como vai?
Estou mais ou menos, e tu?
Sou Clara Nunes, muito prazer
Chamo-me Cláudia e o senhor?

UNIDADE 2

1

□ Olá, Suzana.
Este é o Armando e
esta é a Maria Helena.
■ Muito prazer.
Donde é o senhor?
○ Sou do Porto, e a senhora?
■ Sou de Lisboa, e você?
△ Eu também sou de Lisboa.
...

UNIDADE 2

Donde é	o senhor? a senhora? você?
Donde és?	
Donde é a Ana?	

Sou de	Lisboa. Hamburgo. Bremen.
Sou do Porto.	
É do Rio de Janeiro.	

Actividade 1 Eu sou de... e você?

□ Eu sou de Bremen e você, donde é?
■ Eu também.

□ Eu sou do Porto. E tu, donde és?
■ Eu sou de Aveiro.

Continue...

Londres	Estugarda	Friburgo	Porto Alegre
Sevilha	Paris	Viena	Évora
Coimbra	Francoforte	Leiria	Tavira
Braga	Florença	São Paulo	Olhão

Actividade 2 Donde é?

Construa frases.

E tu Carlos, E você, E o Sr. Silva, E a Sra. D. Clara, E a Heike, E você, Ina,	donde é? donde és?

De Do	Porto. Rio de Janeiro. Faro. Lisboa. Aveiro. Munique.

2 Onde fica...?

a Porta de Brandeburgo?

o Arco de Triunfo?

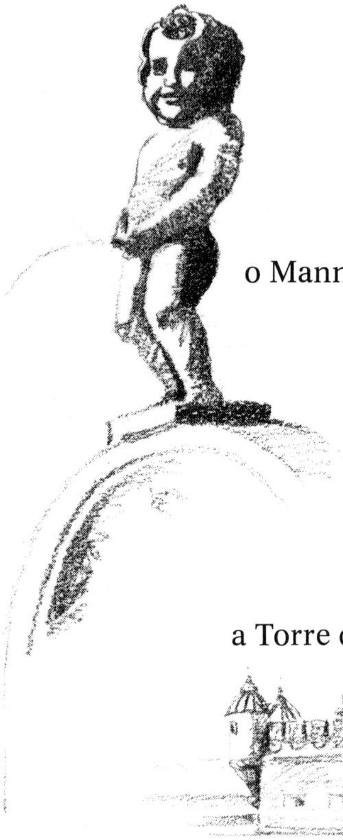

o Manneken-Pis?

o Pão de Açúcar?

a Torre de Belém?

UNIDADE 2

a Acrópole?

o Big Ben?

o Kremlim?

esta torre?

a Ponte D. Luís?

Em No	Berlim. Bruxelas. Paris. Londres. Rio. Atenas. Lisboa. Moscovo. Pisa. Porto.

3

□ Como é que te chamas?
■ Ana, e tu?
□ Mário. Donde és?
■ De Beja, mas moro em Lisboa.
□ E o que fazes aqui em Faro? Estás de férias?
■ Não, estou aqui a trabalhar.

A senhora,	onde mora?
Mário,	onde moras?

Moro em	Lisboa. Hamburgo. Paris.
Moro no	Porto. Rio de Janeiro.

A senhora,	o que faz aqui?
E tu,	o que fazes aqui?

Estou aqui	de férias. a trabalhar. a aprender… a falar…

Actividade 3 Onde moras?

Sie sind in Portugal. In Ihrer Pension gibt es heute abend eine Party und Sie wollen einige Personen (siehe S. 21) näher kennenlernen (Franco, D. Maria, …). Erkundigen Sie sich nach Wohnort und Herkunft.

□ Franco, onde moras?
■ Moro em Florença.
□ És mesmo de Florença?
■ Não, sou de Roma.

Continue…

Franco	**D. Maria**	**Heinrich**	**Mr. Stew**	**Annie**
Florença	Lisboa	Colónia	Miami	Paris
Roma	Faro	Kassel	Oxford	Marselha

4

Actividade 4 Está lá?

Spielen Sie zusammen mit einem Partner / einer Partnerin diesen Dialog auf portugiesisch nach.

Paulo	**Rosa**
Sie rufen Ihre Freundin Rosa in Portugal an. →	Sie nimmt ab.
Sie fragen, ob Sie mit Rosa sprechen und sagen, wer Sie sind. →	Rosa erkennt Sie und fragt, wo Sie sind.
Sie sind in Faro. →	Rosa fragt, was Sie dort machen.
Sie verbringen dort Ihre Ferien. →	Rosa fragt nach Ihrem Befinden.
Es geht Ihnen ausgezeichnet. Sie fragen zurück. →	…

Sie werden leider durch eine Störung unterbrochen.

5

□ Desculpe, você é estrangeira?
■ Sou sim, sou alemã. E você é português?
□ Sim, sou daqui, do Porto. Está aqui de férias?
■ Sim e não.
□ Como?!
■ Estou aqui com um grupo alemão a aprender português.
□ Já fala muito bem.

Você é Tu és	estrangeiro? alemão? português? espanhol? suíço? italiano? inglês? francês?	estrangeira? alemã? portuguesa? espanhola? suíça? italiana? inglesa? francesa?

Sou sim.
Não. Não sou.

Actividade 5 Ele é grego?

□ Hans-Dietrich Genscher é austríaco?
■ Não. É alemão.

Continue…

Hans-Dietrich Genscher	austríaco
Melina Mercouri	francês
Mário Soares	português
Steffi Graf	americano
Eusébio	italiano
Margarete von Trotta	inglês
Mikhail Gorbatchov	russo
Rosa Mota	grego
Woody Allen	alemão
Sofia Loren	japonês

Actividade 6 Muito prazer!

Sie sind (als Franco Venturi z. B.) bei einem Fest in Portugal soeben einem anderen Gast (Teresa Santoro) vorgestellt worden. Entwickeln Sie einen Dialog, in dem Sie versuchen, so viele Informationen wie möglich über Ihren Gesprächspartner zu bekommen (z. B. Herkunft, Nationalität, Aufenthaltsgrund...)

Franco Venturi/italiano ←→ Teresa Santoro/brasileira

Julie Smog/inglesa ←→ John Swinging/australiano

Marcel Durel/francês ←→ Marianne Kusick/suíça

Marco Ávila/peruano ←→ Mercedes Pérez/espanhola

Irena Moro/jugoslava ←→ Karen Svendsen/dinamarquesa

Actividade 7

Sie sind in Portugal und werden von einem Portugiesen am Strand angesprochen. Beantworten Sie seine Fragen.

□ É estrangeiro/a, não é?

■ ______________________

□ Donde é?

■ ______________________

□ Porque está em Portugal?

■ ______________________

□ Então, adeus.

■ ______________________

Actividade 8

Sie haben gehört, daß Ihr neuer Nachbar Portugiese ist. Sie treffen ihn und wollen ihn kennenlernen.

Sie fragen ihn, ob er Portugiese ist.	□ ______________________ ■ Sou sim.
Sie fragen, aus welcher Stadt er kommt.	□ ______________________ ■ De Leiria.
Sie stellen sich vor und fragen nach seinem Namen.	□ ______________________ ■ José de Almeida.
Sie verstehen seinen Namen nicht und fragen zurück.	□ ______________________ ■ Al-mei-da.

Actividade 9 Compreensão auditiva

Hören Sie sich das Gespräch an.

Bilden Sie dann mit zwei anderen Kursteilnehmern eine Gruppe und teilen Sie sich mit, was Sie verstanden haben, auch wenn es nur ein Wort ist. Versuchen Sie gemeinsam, den Inhalt zu erschließen.

T **No café**

Regina: Desculpe, este lugar está livre?
Manuel: Sim, faz favor. É estrangeira, não é? Donde?
Regina: Sou de Munique e estou aqui a aprender a língua.
Manuel: Ah! Interessante! E onde aprende? Na Cambridge School ou na CIAL?
Regina: Não, estou com um grupo alemão e com o nosso professor.
Manuel: Com um professor alemão?
Regina: Não, não, com um professor português. Chama-se Miguel Mota. É muito bom.
Manuel: Mas você também já fala muito bem. O que faz hoje à tarde, está livre?

Regina: Sim. Porquê?
Manuel: Vamos à Feira Popular?
Regina: Feira Popular?! Hum! Não sei...
Manuel: Mas sim. Porque não?
Regina: E onde é?
Manuel: É aqui já.
Regina: Então, está bem.
Manuel: Vamos lá... Mas... como se chama?
Regina: Regina.

Actividade 10

Hören Sie sich das Gespräch nochmals an.

Welche der folgenden Aussagen ist richtig (certo) oder falsch (errado)? Kreuzen Sie die entsprechenden Kästchen an.

	certo	errado
1. O Manuel está no café.	□	□
2. O Manuel é estrangeiro.	□	□
3. A Regina está a aprender português.	□	□
4. A Regina hoje está livre.	□	□
5. A Regina não vai à Feira Popular.	□	□

Vergleichen Sie Ihre Ergebnisse mit denen zweier anderer Kursteilnehmer.

Actividade 11

Hören Sie das Gespräch ein drittes Mal an, und vervollständigen Sie mit Ihrem Gesprächspartner die folgende Erzählung.

____________ Regina. É __________ de ____________.

Está __________ Portugal a ____________.

O grupo é ______ mas o professor é ______. A Regina já fala ______.

Hoje, o Manuel ______ à Feira Popular com ______.

1

□ Vamos tomar alguma coisa?
■ Sim, boa ideia. Tenho uma sede…
□ Então vamos ao café.

Vamos tomar alguma coisa?

Vamos ao café?
à discoteca?

Sim, | boa ideia. / vamos lá. / está bem.

Não, hoje não.
Não tenho tempo.

Actividade 1 Bom dia, Sr. Sousa!

Sie verbringen Ihren Urlaub in einer Ferienwohnung in Faro. Heute ist Markt, und Sie wollen einkaufen. Unterwegs treffen Sie Ihren Vermieter (einen Portugiesen), der Sie zu einem Drink einlädt.
Spielen Sie den Dialog.

Actividade 2 Vamos ao cinema?

Ihr Nachbar macht Ihnen einen Vorschlag für die Gestaltung des Abends.
Sie können annehmen, ablehnen oder etwas anderes vorschlagen.

Discoteca

Restaurante

Snack-bar

2

□ A senhora, o que toma?
■ Eu tomo chá.
□ E tu João?
○ Prefiro um café.

□ Bebe uma cerveja?
■ Sim, obrigado.
□ E vocês, o que bebem?
○ Eu bebo uma limonada.
● Para mim um copo de leite quente.

A senhora, E você,	o que	toma? bebe?
E tu João,		tomas/ bebes?
E vocês,		tomam/ bebem?

Tomamos um café?

Eu tomo Eu bebo Para mim Para nós	um bagaço. um chocolate. um sumol. um café. um garoto. um conhaque. uma cerveja. uma bica. uma laranjada. uma água mineral.

Sim, obrigado/a.
Não, eu prefiro uma gasosa.

chá preto (schwarz)
mais alguma coisa

Actividade 3 O que é que tomamos?

□ Tomamos uma cerveja?
■ Eu sim.
□ E você?
○ Eu prefiro um chá.

Continue…

□ Tomas um sumo natural?
■ Não, prefiro uma bica.

Continue…

Actividade 4 O que é que prefere?

Complete com o verbo *preferir* e com *um* ou *uma.*

1. □ O que é que ______ Holger? ______ chá ou ______ bica?
   ■ ______ bica.
2. □ Senhor Silva, o que ______, ______ conhaque ou ______ whisky?
   ■ ______ whisky, faz favor.
3. □ Monika, o que é que ______, ______ laranjada ou ______ coca-cola?
   ■ ______ copo de leite.
4. □ Você, o que é que ______, ______ porto ou ______ cherry?
   ■ ______ porto.
5. □ Vocês, o que ______, ______ limonada ou ______ gelado.
   ■ ______ gelado.
6. □ Natália, o que é que ______, ir a ______ restaurante ou a ______ discoteca?
   ■ Eu ______ ir a ______ restaurante.

3 Números

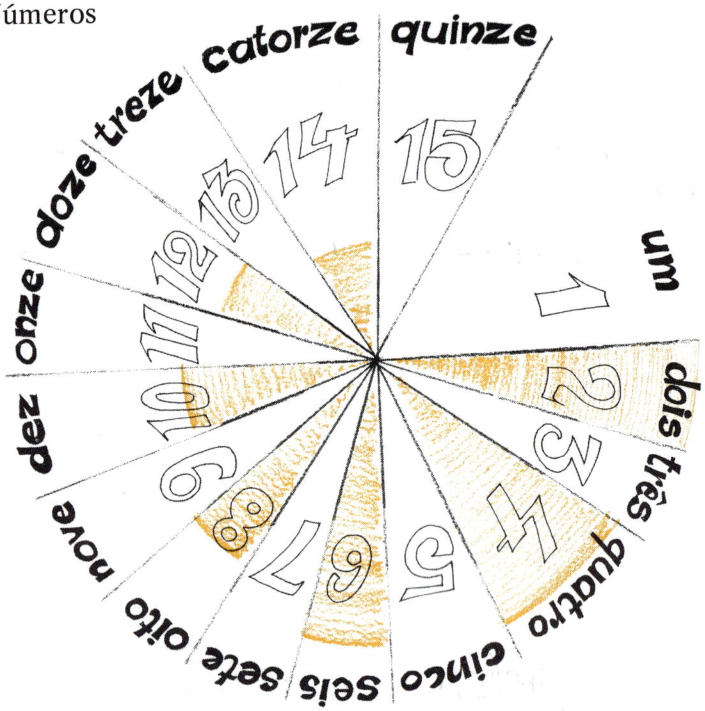

16 dezasseis · 17 dezassete · 18 dezoito · 19 dezanove · 20 vinte · 21 vinte e um · 30 trinta · 31 trinta e um · 40 quarenta · 41 quarenta e um · 50 cinquenta · 51 cinquenta e um · 60 sessenta · 61 sessenta e um · 70 setenta · 71 setenta e um · 80 oitenta · 81 oitenta e um · 90 noventa · 91 noventa e um

Actividade 5 Jogo do Blupp

1. Bilden Sie Gruppen von fünf bis sieben Spielern.
   Man zählt von 1 bis 20. Der erste Spieler fängt mit der Zahl 1 an, der zweite Spieler fährt mit der Zahl 2 fort, usw. Dabei dürfen die Zahlen, die durch 4 (verbotene Zahl) geteilt werden können oder die eine 4 enthalten, nicht ausgesprochen werden. Stattdessen sagt der Spieler *Blupp!!*
   Wenn er sich irrt, fängt er das Spiel wieder von vorn an.
   Versuchen Sie die Zahlen immer schneller auszusprechen.
2. Nehmen Sie eine andere „verbotene Zahl".

4

- □ Faz favor! … Um café com leite, duas bicas e um bagaço.
- ■ Desculpe, mas hoje não há café. A máquina não funciona. Só há bebidas frescas.
- ○ Então, para mim um leite frio.
- ■ E para os senhores?
- □ Duas cervejas.
- ■ Então, são duas cervejas e um leite frio.

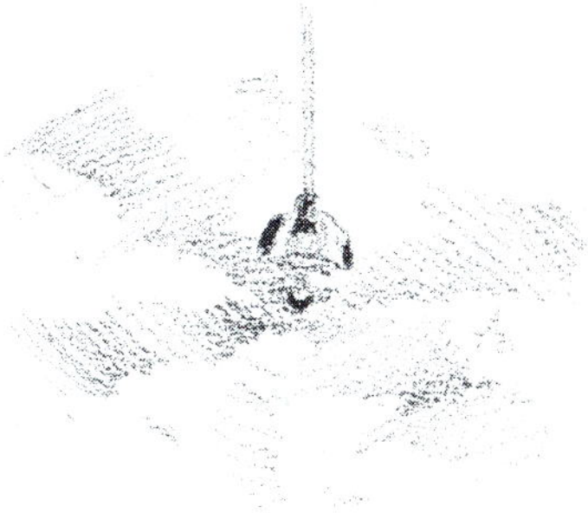

um café um chá um garoto		dois cafés dois chás dois garotos
	(εə) faz favor	
uma bica uma cerveja		duas bicas duas cervejas

Actividade 6 Faz favor!

Sie sind zu dritt in einem Café und überlegen sich, was Sie trinken.
Eine(r) von Ihnen ruft den Kellner und bestellt die gewünschten Getränke.
Wechseln Sie die Rollen.

5 □ Quanto é um chá e um bolo?
■ São 90 escudos.

BEBIDAS QUENTES

Café (bica)	55$00
Cappuccino	200$00
Garoto	42$00
Carioca	42$00
Copo de leite	55$00
Chocolate quente	100$00
Nescafé	60$00
Chá	50$00

REFRIGERANTES

Cerveja (copo)	50$00
Cerveja (caneca)	100$00
Água mineral	45$00
Pepsi cola	65$00
Laranjada	60$00
Limonada	60$00
Sumo natural de laranja	150$00
Sumo natural de limão	130$00

VINHOS E AGUARDENTES

Vinho tinto Aliança	495$00
Vinho branco «seco»	495$00
Vinho do Porto	150$00
Sangria Jarro	480$00
Bagaceira	95$00
Whisky velho	620$00

PÃO / PASTELARIA / GELADOS

Sandes fiambre / queijo	160$00
Croissant	42$50
Bolo	45$00
Gelado / copo	95$00
Taça Tropical	230$00

Actividade 7 Quanto é?

□ Um sumo de laranja, quanto é?
■ São 150$00.

Continue…

6

□ Olhe! Faz favor?
■ Sim, o que desejam?
□ Uma cerveja bem fresca.
○ Eu queria comer alguma coisa. O que tem?
■ Temos torradas, croissants, sandes…
○ Uma sandes de queijo e um bolo.
■ E para beber?
○ Uma cerveja também.
■ Vem já.

O que	deseja?
	desejam?

Queria	uma sandes de queijo.
Queríamos	comer alguma coisa.

O que tem?

Temos	torradas.
	croissants.
	sandes.
	bolos.

Actividade 8 O que deseja?

□ Faz favor!
■ O que deseja?
□ …

□ Por favor!
■ O que desejam?
□ …

Continue…

Actividade 9 — Compreensão auditiva

Hören Sie sich das Gespräch an. Bilden Sie Gruppen von drei bzw. vier Personen. Teilen Sie sich mit, was Sie verstanden haben.

T **Na casa da Ana**

A: Oh! Maria! Que surpresa!
M: Olá, Ana. Olha, desculpa lá, mas eu queria muito apresentar-te a Carla.
A: Olá, Carla, muito prazer.
C: Obrigada, igualmente.
M: E tu Ana, como estás?
A: Muito bem. A Carla está a morar com a Maria?
C: Sim.
A: Donde é?
C: Sou de Viseu.
A: E o que faz em Lisboa?
C: Estou de férias.
A: Mas a Maria não está a trabalhar?
C: Sim, está.
A: Então, de dia está muito só...
C: Ah! Não faz mal. Há tantos parques, cafés e cinemas em Lisboa...
A: O que é que vocês tomam? Tenho refrigerante, campari, e um óptimo aperitivo, um porto branco...
M: Para mim um campari, faz favor.
C: Tem água? Tenho uma sede...
A: Água mineral?
C: Tanto faz.
A: O que é que vocês fazem hoje à noite?
M: Nada. Porquê? Tens uma ideia?
A: Porque não vamos ao cinema?
M: Óptimo.

Actividade 10

Hören Sie sich das Gespräch nochmals an. Notieren Sie drei Fragen, die im Dialog vorkommen. Vergleichen Sie in Ihrer Gruppe die Ergebnisse.

Actividade 11

Hören Sie sich das Gespräch ein drittes Mal an, und versuchen Sie, in Gruppen die folgenden Fragen zu beantworten.

1. A Carla está num hotel?
2. A Carla está a trabalhar em Lisboa?
3. E a Maria está de férias?
4. De dia, a Carla está muito só?
5. As três vão hoje ao teatro?

1 COSTA DE PRATA

CASA DA PADEIRA

Turismo de habitação

Sala de estar
e de jantar

Sala de estar

Sala com um pequeno bar

Situada a 100 km de Lisboa perto dos monumentos de Alcobaça e Batalha e perto da Nazaré.
Pode apreciar a vida de uma família portuguesa ou (simplesmente) gozar o sol radioso da nossa terra.
Temos três salas: uma com um pequeno bar, sala de estar e de jantar.

Quarto de casal

2

- □ Bom dia! Ainda há um quarto livre?
- ■ Sim senhor.
- □ Eu queria um quarto individual para duas semanas.
- ■ Com banho?
- □ Sim. Quanto custa?
- ■ É 3.800$00 a diária.
- □ Está bem.
- ■ O seu passaporte, faz favor.
- □ Aqui está.
- ■ Obrigada.

Queria	um quarto individual	sem	banho.
	um quarto duplo/de casal		chuveiro.
Queríamos	um quarto com duas camas	com	pensão completa.
			meia pensão.
			pequeno almoço.

UNIDADE 4

Actividade 1 — Há uma garagem no hotel?

Construa frases.

ainda	tem há queria/ queríamos	uma piscina muitos cafés um quarto livre uma garagem um mini-bar dois quartos uma sala de jantar bebidas frescas água quente	para hoje à noite na casa em Lisboa no hotel no quarto com banho

Actividade 2 — Queria uma informação

Rufen Sie die vier folgenden Hotels an. Erkundigen Sie sich, ob Zimmer frei sind und wieviel sie kosten. Erklären Sie, welche Art Zimmer Sie wünschen.

□ Estou, Hotel Atlântico!
■ Bom dia. Queria uma informação, por favor.

Localidade/Endereço/Localité/Adresse Locality/Address/Ort/Anschrift				Símbolos/Symboles/ Conventional signs/Zeichen
★★★★ HOTEL ATLÂNTICO Estrada Marginal, 7 Tel.: 268 02 70, Telex n.º 18125 HOTAME P ATLÂNTICO – ESTORIL	–	183	366	
★★★ HOTEL PRESIDENTE R Rua Alexandre Herculano, 13 – 1100 LISBOA Tel.: 53 95 01 HOTEL PRESIDENTE – LISBOA	–	59	111	
★★ PENSÃO SOUSA R Praça da Figueira, 10-3.º – 1100 LISBOA Tel.: 86 70 26	7	–	14	
★ HOTEL BRAGANÇA R Rua do Alecrim, 12-1.º – 1200 LISBOA Tel.: 32 70 61 e 32 11 14	21	15	63	

3

- □ Tem um quarto com quatro camas para dez dias e com meia pensão?
- ■ Infelizmente não. Temos só dois quartos duplos.
- □ Quanto custa?
- ■ 3.500$00.
- □ Por pessoa ou por quarto?
- ■ Por pessoa com meia pensão.
- □ É um pouco caro…
- ■ Temos um quarto mais barato, mas sem banho. Serve?
- □ Sim, está bem.
- ■ Aqui tem as chaves. São os quartos 25 e 29.

Tem um quarto	para hoje à noite? para uma semana? para dez dias?
Quanto custa	por quarto? por pessoa? a diária?

Actividade 3 Tem…

Sie fragen nach:
2 Doppelzimmern
Dusche
Preis
Halb-/Vollpension
2 oder 3 Wochen

Die Empfangsdame antwortet:
2 Doppelzimmer
Bad
8.500$00 pro Woche und Person
nur Frühstück

4

□ Olhe, faz favor. A que horas podemos tomar o pequeno almoço?
■ Às sete já podem.
□ E até quando?
■ Até às dez.
□ Têm serviço de restaurante?
■ Sim, sim.
□ E quando servem o jantar?
■ Das oito às dez e meia.
□ Obrigada.
■ Não tem de quê.

A que horas Quando	posso podemos	tomar o pequeno almoço? almoçar? jantar?
	é	o almoço? o jantar?

Às 7 já	pode. podem.
A partir do meio-dia até às 2.30. Das 8 às 10.30.	

5

Actividade 4 — Que horas são?

O relógio

Actividade 5 — A que horas abre...?

□ A que horas abre o banco?
■ O banco abre às 8.30.
□ E a que horas fecha?
■ Às 15.00

Continue...

Restaurantes	Almoço	12.30 – 15.00
	Jantar	19.30 – 22.00
Museu		9.30 – 12.30
		14.30 – 17.00

□ Quando está aberto o banco?
■ Das 8.30 às 3 da tarde.
□ Está aberto à hora do almoço?
■ Sim.

Continue...

Lojas	9.00 – 13.00
	15.00 – 19.00
Centro Comercial	10.00 – 24.00
Farmácia	8.30 – 13.00
	15.30 – 20.00

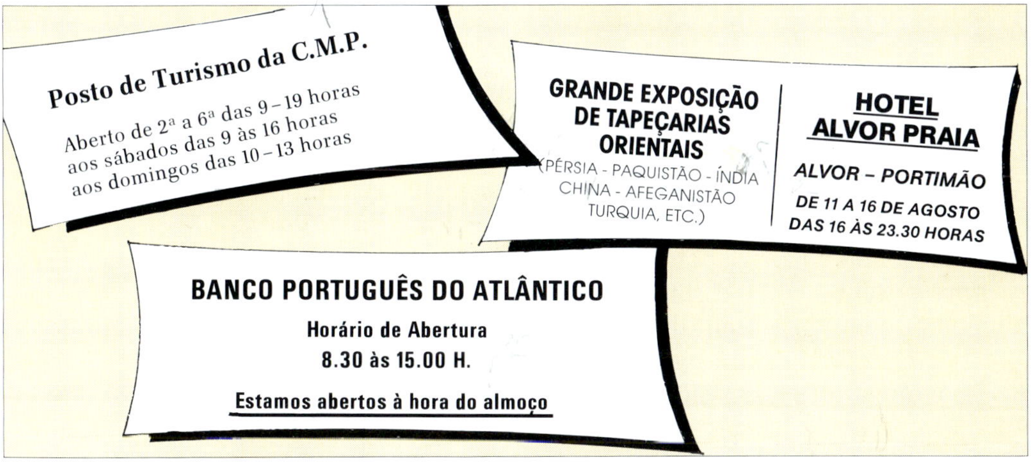

Actividade 6 Pequeno almoço no quarto

Sie möchten in Ihrem Hotelzimmer frühstücken, wissen aber nicht, ob das möglich ist. Ein anderer Kursteilnehmer übernimmt die Rolle des Portiers. Sie rufen ihn an und äußern Ihre Wünsche.

6

□ Queria fazer uma chamada para a Alemanha. Posso telefonar daqui?
■ Naturalmente. Para onde quer telefonar?
□ Para Hamburgo.
■ O indicativo da Alemanha é 0049, não é?
□ É sim. E o número em Hamburgo é 40/6473544.

Queria uma chamada	para	a Alemanha? o Brasil? – Portugal?
Qual é o indicativo	da do de	Alemanha? Brasil? Portugal?

Actividade 7 Poder ou querer?

1. Sie bestellen einen Kaffee und zwei Kuchen.
2. Sie möchten im Hotelzimmer frühstücken. Erkundigen Sie sich, ob es möglich ist.
3. Sie möchten von Ihrem Zimmer aus ins Ausland telefonieren. Fragen Sie den Portier, ob es möglich ist.
4. Es ist schon elf Uhr nachts. Sie haben Hunger. Erkundigen Sie sich beim Portier, ob Sie noch essen können.
5. Sie können heute nicht um acht Uhr im Hotel zu Abend essen, weil Sie ins Theater gehen. Erkundigen Sie sich, ob Sie früher essen können.
6. Sie wollen mit Herrn Siebold sprechen.

7

□ Bom dia!
■ Bom dia, minha senhora.
□ Posso mudar de quarto?
■ Porquê? A senhora não está contente?
□ O número 27 é muito barulhento.
■ Para hoje está tudo ocupado. Mas amanhã fica livre o 39.
□ Dá para o jardim?
■ Sim. É um quarto muito bonito, sossegado e confortável. Só um pouco pequeno e não tem televisão.
□ Ah! Não faz mal. Eu não gosto de televisão no quarto. Obrigada.
■ De nada.

A senhora não está contente?	
Está contente	com o quarto?
	com o hotel?

		sossegado.
Não, o hotel		barulhento.
	é muito	caro.
Sim, o quarto		pequeno.
		confortável.

Actividade 8 Construa frases.

A pensão do Sr. Silva		pequeno.
O quarto da menina		caro.
As salas do restaurante	é	moderno.
O café do Pedro		sossegado.
O restaurante do Manuel	são	confortável.
A casa da Ana		fresco.
As bebidas		grande.

Actividade 9

Der Portier antwortet:	Para a Alemanha a senhora pode telefonar aqui na cabine.
Was hat der Gast gefragt?	Onde posso telefonar para a Alemanha?

Continue…

1. Para a Alemanha, a senhora pode telefonar aqui na cabine.
2. Sim. Às sete já podem tomar o pequeno almoço.
3. O director não está. Podem falar com ele amanhã.
4. Desculpe, mas não pode. Todos os quartos estão ocupados.
5. Sim. Podem ficar ainda três noites.
6. Claro, chamo já (um táxi).
7. Pode comer aqui, nós temos um snack-bar.

8

ALUGAM-SE

ALGARVE – CARVOEIRO

Vivenda aluga-se,
meses Julho e Agosto, bem
mobilada, 2/3 quartos, sala
2/3 casas de banho, cozinha

Telef. (082)53742

ALGARVE

APARTAMENTO ALUGA-SE
4/6 pessoas
Agosto e Setembro
Telef. (01)56497

CASA GRAÇA

Alugo estrangeiro, Agosto
4 quartos/2 casas de banho
terraços
vista panorâmica
Telef. (054)4567

Actividade **10** O que prefere? Porquê?

Gleich preiswert können Sie in einer einfachen Pension in oder bei Lissabon (am Strand) oder in einer komfortablen Pension in einem einsamen Fischerdorf Urlaub machen. Was ziehen Sie vor und warum?
Lassen Sie sich von folgenden Wörtern und Bildern leiten.

Gosto! **Gosto muito!**	gostar de/preferir/ficar/estar/ ir/ter/haver/gozar o sol longe/perto/pequeno/grande/ barulhento/sossegado/confortável cinema/cafés/teatro/museus/praia lugar/centro/aldeia de pescadores	**Não gosto!** **Não gosto nada!**

UNIDADE 4

Actividade 11 — Uma carta

Sie wollen Ihre Ferien mit zwei Bekannten in Faro verbringen. Sie schreiben an das Hotel und geben an:

- Datum Ihrer Ferien.
- Ihre Wünsche.
- Sie fragen nach den Preisen.

Prezados Senhores, Hamburgo, 13/1/...

Atenciosamente

Rainer V.

Actividade 12 — Reconstrua o diálogo.

1. Quanto tempo ficas aqui?
2. Onde estás?
3. Quando é que estás livre então?
4. Em Lisboa, e no momento estou no café «Cister».
5. Estou! Luísa, daqui é o Mário!
6. Só às 10 horas da noite.
7. Estás contente com o trabalho?
8. Como, em Lisboa?! Estás de férias?
9. Queres ir amanhã a uma discoteca?
10. Olha, é muito interessante, mas trabalho 12 horas por dia...
11. Mais ou menos 5 semanas.
12. Não, estou a fazer um filme para a televisão alemã.
13. Desculpa, mas não gosto de discotecas. São muito barulhentas... Prefiro ir a um pequeno restaurante num lugar íntimo e sossegado.

HOTEL BOTÂNICO

Rua Mãe d'Água, n.° 16-20
Telef. 32 03 92 - 5 Linhas
1200 LISBOA - PORTUGAL

★ ★ ★
RESIDENCIAL

CONTRIBUINTE N.º

DATA (Date) 25/8/

FACTURA N.º (Invoice No.) 588

NOME (Name) Sr. ALTMANN JOHANN

N.º Passe / N.º Pax 2

QUARTO N.º (Room No.) 32

Descrição Description 17/8	a 25/8				
APOSENTO (Room)	35.000 -				
PEQUENOS-ALMOÇOS					
CAFETARIA (Room-service)					
BAR	350 -				
TELEFONE (Telephone)	1.305 -				
ROUPARIA (Landry)					
DIVERSOS					
TOTAL DO DIA	36.655 -				
SALDO ANTERIOR					
TOTAL					

PAGO 25/8/86

SELO PAGO POR GUIA
Art.º 164 - Dec.-Lei n.º 136/78

TOTAL GERAL 36 655 00

Actividade 13 Compreensão auditiva

Hören Sie sich das Gespräch an, und tauschen Sie mit zwei anderen Kursteilnehmern Ihre Meinungen über den Inhalt aus.

T **Aluga-se**

Jorge:	Bom dia, o Sr. aluga apartamentos?
Fontes:	Sim, senhor. O que é que desejam?
Mariana:	Nós somos quatro, um casal e duas crianças. Procuramos um apartamento com sala, dois quartos e cozinha.
Fontes:	Para quando?
Mariana:	Para o mês de Setembro.
Fontes:	Apartamentos com dois quartos, não tenho. Só com um. Mas a sala tem dois sofás-cama. As crianças ainda são pequenas?
Jorge:	São sim.
Fontes:	Então, não há problema.
Jorge:	Pois é, mas as crianças são muito barulhentas e nas férias eu gosto de sossego e conforto.
Fontes:	Mas a sala é grande e confortável. Querem ver?
Mariana:	Sim, porque não?
	...
Mariana:	Que bonito! Que bela vista! Onde é a cozinha? Ah! É aqui! E quanto custa?
Fontes:	Normalmente são 70.000$00 por mês. Mas para os senhores fazemos 60.000$00.
Jorge:	Podemos dar a resposta amanhã?
Fontes:	Naturalmente. Têm o meu número de telefone?
Jorge:	Sim, temos. Então, até amanhã e muito obrigado.
Fontes:	Obrigado eu.

Actividade 14

Hören Sie sich den ersten Teil des Gespräches an, und beantworten Sie in Gruppen die folgenden Fragen:

1. O que é que o casal deseja?
2. Quantos quartos querem alugar?
3. Porquê?
4. Há um apartamento livre?
5. Com quantos quartos?
6. Como são as crianças?

Hören Sie sich den zweiten Teil an:

1. Como é o apartamento?
2. O casal fica com o apartamento?
3. Quanto custa o apartamento?

Actividade 15

Você gosta de fazer campismo quando vai de férias? Porquê?
O que acha da alternativa, ir para um apartamento ou ir para um hotel?
O que é importante para você quando vai de férias?

Aluga-se apartamentos

1

□ Faz favor, qual é o eléctrico para a Basílica da Estrela?
■ É o 25.
□ Onde é a paragem, sabe?
■ É ali em frente.
□ Obrigada.

Qual é	o eléctrico o metro o autocarro	para	a Basílica? o centro? o museu? a estação?

Não sei.

É o 25.

Actividade 1 Qual é o autocarro/eléctrico para...?

Continue...

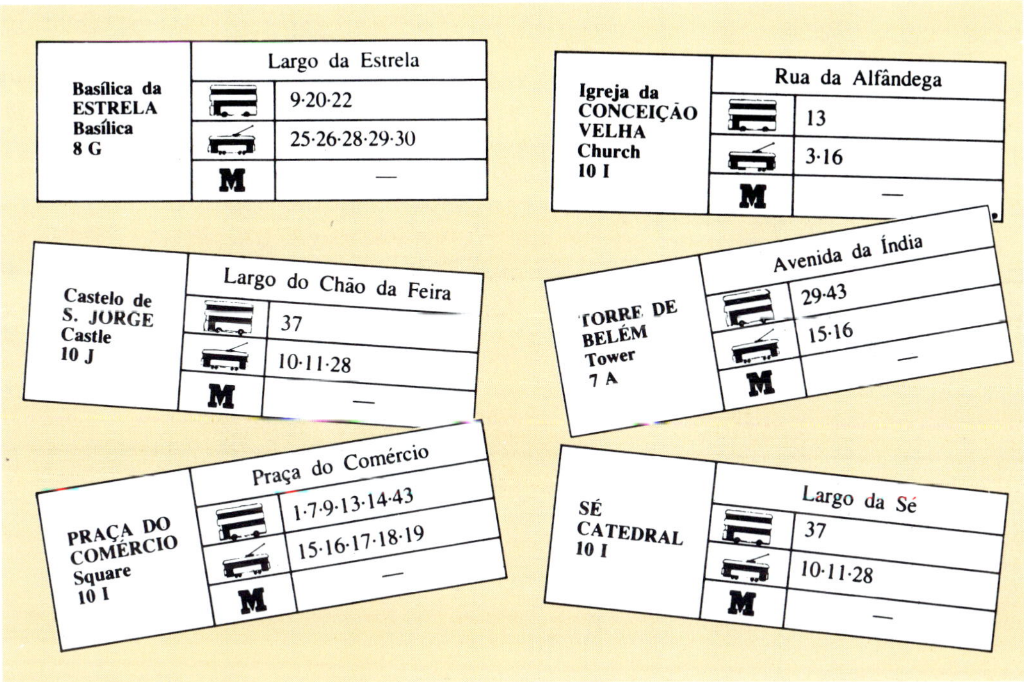

2

□ Queria uma caderneta de módulos para autocarro.
■ Quer de dez ou de vinte?
□ Vinte. Quanto é?
■ 405$00.

Onde tenho que	descer? sair?

Na primeira Na segunda Na quarta	paragem.
No Largo da Estrela.	

Actividade 2 Onde tenho que descer?

□ Desculpe, onde tenho que descer para a Praça de Touros?
■ Na primeira paragem.
□ …

Continue…

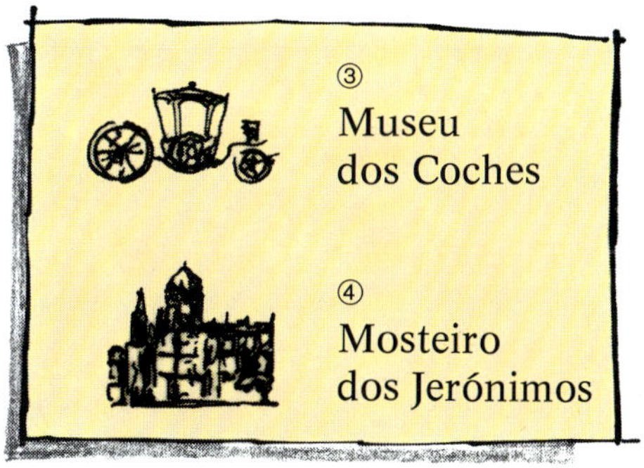

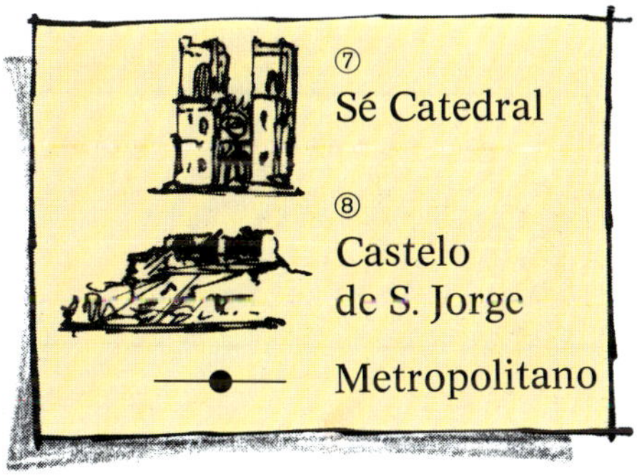

4

□ Desculpe, há um bom restaurante aqui perto?
■ Sim, na rua dos Condes, a segunda rua à esquerda. É o Restaurador.
□ Muito obrigado.
■ Não tem de quê.

Desculpe,	há	um restaurante	aqui perto?
Faz favor,		uma pastelaria	

Sim, na rua…	a primeira a terceira	rua	à direita. à esquerda.
Desculpe, não sei.			

Actividade 3 Desculpe...

□ Desculpe, há uma farmácia aqui perto?
■ Sim, na...

Continue...

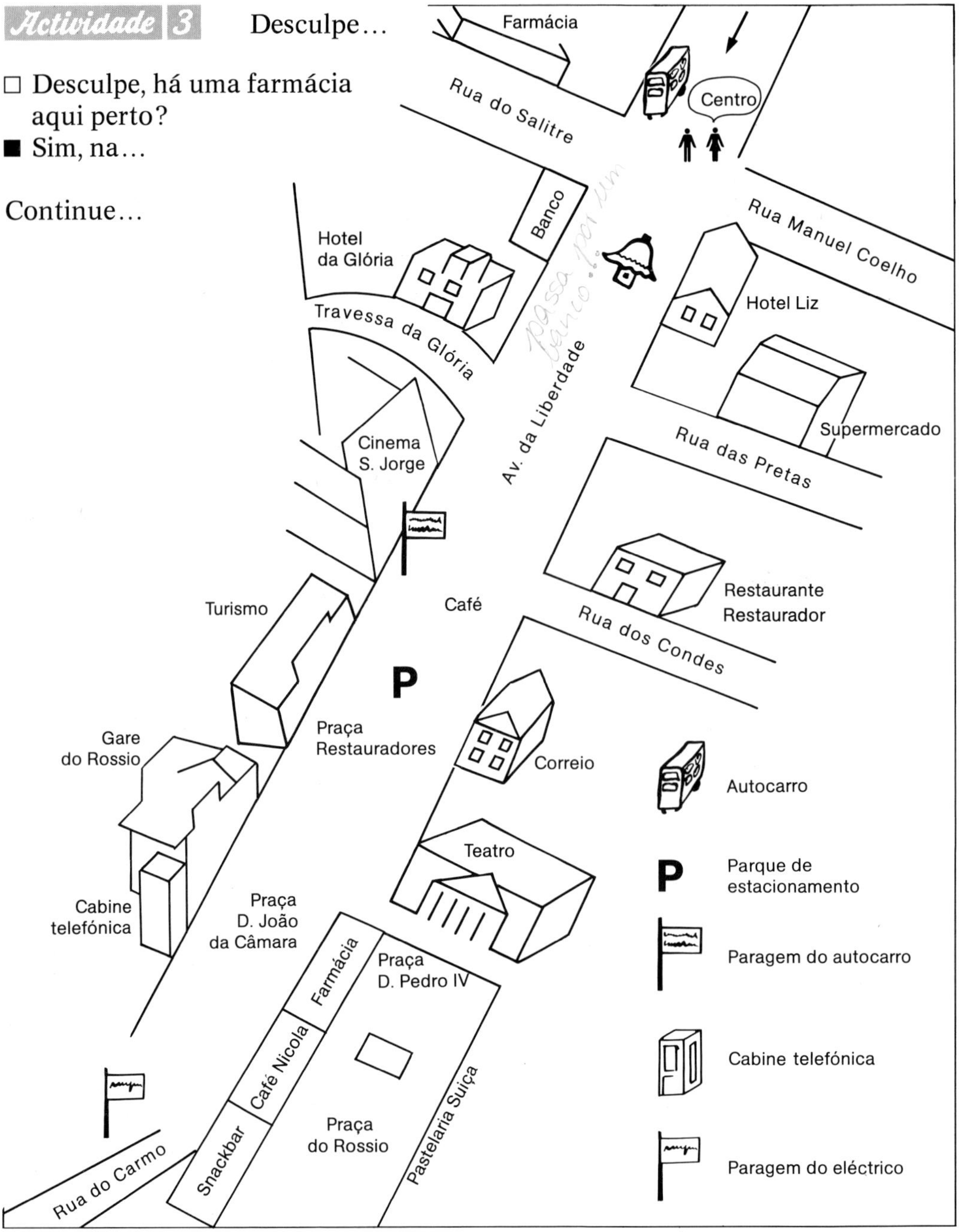

Actividade 4

Você está em Lisboa e quer visitar o Jardim Botânico.
Peça informações a um transeunte.

Sie fragen, ob es einen Bus zum Botanischen Garten gibt.

□ ______________________________

■ Sim, há dois. O 24 e o 25.

Sie fragen, wo die Haltestelle ist.

□ ______________________________

■ É aqui já, na Praça da Alegria.
Sabe onde é?

Sie wissen es nicht.

□ ______________________________

■ Olhe, toma a primeira rua à direita e já está na Praça da Alegria.
A paragem é no meio da praça.

Sie bedanken sich.

□ ______________________________

■ De nada.

UNIDADE 5

Anedota
Uma senhora entra no eléctrico. Ele está cheio.
Admirada ela pergunta: «Não há aqui um cavalheiro?»
Um senhor responde: «Perdão, minha senhora. O que não há é um lugar livre.»

5

□ Faz favor, onde fica o correio?
■ Na Praça dos Restauradores.
□ É longe?
■ Não, é muito perto, a segunda rua à direita, ao lado do Teatro. A pé, são 10 minutos.
□ Obrigado.
■ De nada.

…

□ Faz favor, um selo para a França.
■ Para carta ou postal?
□ Postal.

Onde	fica	o correio?
	é	a estação?

Na Rua…	em frente ao Turismo.
Na Avenida…	ao lado do Teatro.
Na Praça…	atrás do cinema.
No Largo…	

Actividade 5 Onde fica…?

Olhe a planta da cidade da actividade 3.
Você está na esquina da Rua do Salitre / Av. da Liberdade.
Pergunte a um transeunte onde fica…

□ Desculpe, onde fica a paragem de autocarro?
■ É na Avenida da Liberdade aqui à direita, em frente ao cinema São Jorge.

Continue…

Actividade 6

Olhe a mesma planta da cidade. Responda e complete com *no*, *na*, *atrás de*, *no meio de*, *em frente de*, *à direita*, *à esquerda* e com o verbo *ficar*.

1. O Teatro Nacional ______ ______ Praça D. Pedro IV ______ ______ ______ Gare do Rossio.
2. O correio ______ ______ Av. da Liberdade ______ ______ Teatro.
3. O Restaurante Restaurador ______ ______ Rua dos Condes, a primeira rua ______ ______.
4. O café ______ ______ Av. da Liberdade.
5. O Hotel da Glória ______ ______ Travessa da Glória, a terceira rua ______.

Actividade 7

Onde é... onde há... aqui perto?

Você está na rua em Lisboa, não conhece nada e

1. quer comer alguma coisa.
2. tem sede.
3. quer telefonar.
4. quer ver o Castelo de S. Jorge.
5. quer ver a Sé.
6. quer ir ao café Nicola.

Como pergunta a um transeunte?

6

□ Desculpe, onde é a Estação do Rossio?
■ A estação? É na Praça D. João da Câmara. Ora... os Srs. primeiro vão por esta rua sempre em frente, passam pelo monumento, atravessam a Praça do Rossio...
□ Ah! A Praça do Rossio eu conheço!
■ Pois bem, viram na primeira rua à esquerda e continuam sempre em frente até à praça.
□ Muito bem. Obrigado.

Primeiro...	Primeiro...
vão por...	vai por...
passam por...	passa por...
atravessam a...	atravessa a...
depois...	depois...
viram à esquerda	vira à esquerda
continuam sempre em frente	continua sempre em frente

Actividade 8 O centro do Porto

Olhe a planta da cidade do Porto.
Você está com um amigo no Porto. Estão exactamente em frente do banco (Nr. 3) e procuram uma papelaria. Perguntem a um transeunte:

□ Desculpe, há uma papelaria aqui perto?
■ Sim, na Praça da Liberdade.
□ E onde é a praça? Sabe?
■ É já aqui. Vocês vão em frente até à paragem do autocarro. A papelaria é em frente da paragem.

Continuem...

Nº 7 ⟶ Nº 8	Nº 9 ⟶ Nº 8	Nº 9 ⟶ Nº 1
Nº 3 ⟶ Nº 4	Nº 6 ⟶ Nº 5	

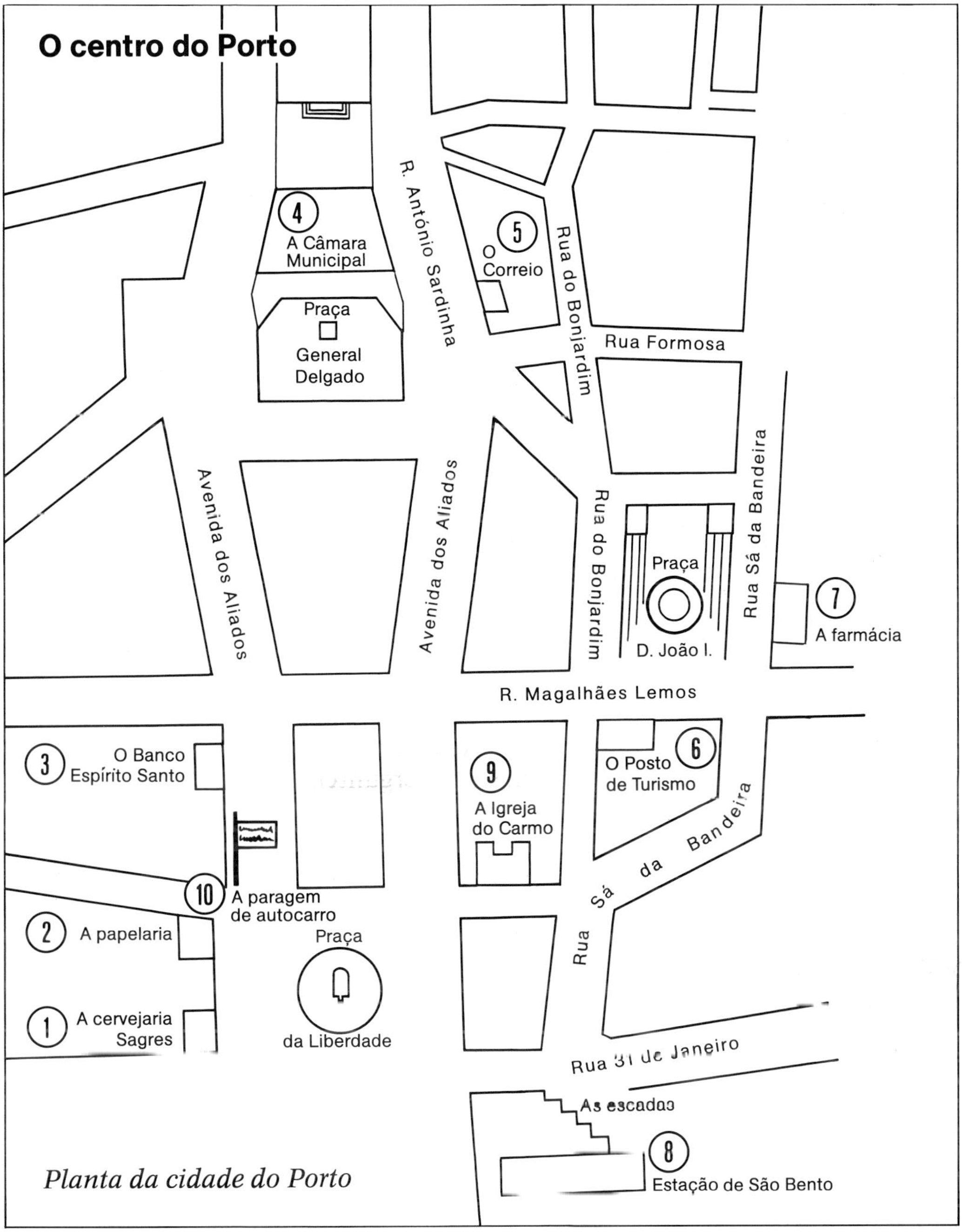

Planta da cidade do Porto

Actividade 9 Onde mora a Clara?

A Clara vem do trabalho de autocarro. Ela desce na paragem em frente ao café, vai até à Av. de Roma, vira à direita e continua em frente até à segunda rua à direita. A sua casa é a terceira à esquerda.

A Clara mora _______________.

Actividade 10 Compreensão auditiva

Hören Sie sich das Gespräch an. Tauschen Sie in Ihrer Gruppe aus, was Sie verstanden haben.

T1 **O 24 de Junho nas ruas do Porto**

Mário: Vamos Fernando, são quase 10 horas
e as ruas já estão cheias.
Fernando: E para onde vamos?
Mário: Olha, só podemos ir até à praça,
porque eléctricos ou autocarros hoje não há.
...
Fernando: Meu Deus, tanta gente!
Mário: É... a Noite de São João é sempre assim...
Fernando: O que é isto?
Mário: Isto é um alho-porro.
Fernando: E para que é?
Mário: Olha podes bater com ele levemente na
cabeça desta menina aqui, tão simpática...
Fernando: Tu és maluco?
Mário: Não, bater na cabeça é um gesto de simpatia.
Fernando: E porquê com um alho porro?
Mário: Isso não sei. É tradição...
Podes até bater com o alho num polícia.
Fernando: E o que é que ele faz?
Mário: Nada, pá. Hoje é uma noite muito especial.
A rua é do povo. Às 10 horas da noite, já não
circula um carro aqui na Baixa.
Fernando: E para onde vão?
Mário: Para onde vão, não interessa.
O que interessa é circular, cantar, dançar, comer
e beber. O que eles querem é passar a noite na rua.
...
Conheces isto?
Fernando: Uhm! Que perfume!
Mário: É um manjerico.
Não há São João sem manjerico!
Queres um?

Actividade 11

Hören Sie sich das Gespräch nochmals an. Versuchen Sie mit Hilfe Ihrer Gruppe, drei Sätze aufzuschreiben, in denen von Straßen und Verkehrsmitteln die Rede ist.

Actividade 12

Hören Sie sich das Gespräch ein drittes Mal an und beantworten Sie in der Gruppe die folgenden Fragen:

1. Fernando conhece esta festa?
2. Como estão as ruas na Noite de São João?
3. Quando é que as pessoas vão para a rua?
4. O que fazem na rua?
5. O que é tipico da Noite de São João?
6. Como são as pessoas nesta noite?

Actividade 13

Complete.

O Mário e o Fernando não querem ficar em casa hoje.

Querem ______________________________

Primeiro, jantam em casa, depois ______________________________

Hoje, não há autocarros. Eles ______________________________

Ate às 5 horas da manhã, a gente ______________________________

Actividade 14

Na cidade onde vocês moram, há assim um dia especial em que as pessoas são mais comunicativas e eufóricas?
Que dia é?
O que fazem nesse dia?

2

15 de Agosto de
O Comércio do Porto

porto/metrópole – 9

ANDAR DE «GUNA» NOS ELÉCTRICOS CONTINUA A SER PRAZER DE «PUTOS»

Reportagem de Alberto Amorim (texto) e Ricardo Pereira (fotos)

Andar de «guna» continua a ser o meio de transporte preferido para certos miúdos, nomeadamente no Verão. Os «putos» usam frequentemente as plataformas dos eléctricos para poder passar um dia na praia. Às vezes, os «meninos da rua» pagam caro este jogo aventureiro. Eles podem cair e ser atropelados pelo carro que circula atrás.

Extracto adaptado do «Comércio do Porto» 15.8.88

1

□ Ana, sabes quem vem hoje à noite?
■ Não. Quem?
□ A tia Carolina e o tio Zé.
■ Para jantar?
□ Sim.
■ O que vais fazer?
□ Que tal, uma carne de porco à alentejana?
■ Oh! ... O meu prato preferido!
É preciso comprar alguma coisa?
□ Sim, tenho que comprar a carne,
as amêijoas e as batatas.
■ Tens alho, óleo e pimentos?
□ Ah! Falta óleo.

Temos	carne?
	óleo?
	alho?

Sim.	
Não,	não temos.
	temos que comprar.
Não,	falta alho.
	é preciso comprar.

Actividade 1

Você vai fazer compras com um(a) amigo(a). Você pergunta:

□ Temos pão em casa?
■ Não, temos que comprar.

ou: □ Temos óleo e sal?
■ Óleo sim, mas o sal falta.

Continuem...

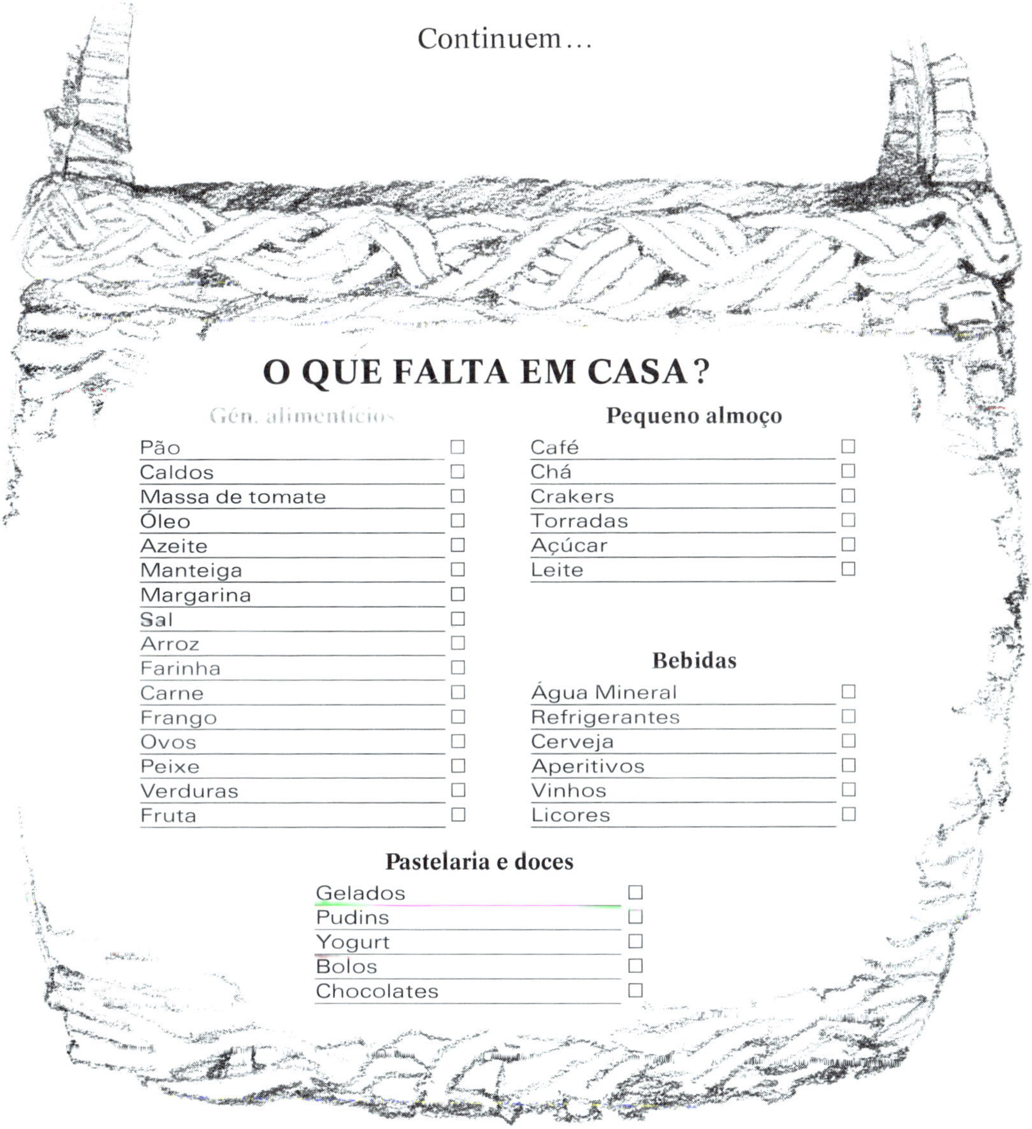

O QUE FALTA EM CASA?

Gén. alimentícios

Pão □
Caldos □
Massa de tomate □
Óleo □
Azeite □
Manteiga □
Margarina □
Sal □
Arroz □
Farinha □
Carne □
Frango □
Ovos □
Peixe □
Verduras □
Fruta □

Pequeno almoço

Café □
Chá □
Crakers □
Torradas □
Açúcar □
Leite □

Bebidas

Água Mineral □
Refrigerantes □
Cerveja □
Aperitivos □
Vinhos □
Licores □

Pastelaria e doces

Gelados □
Pudins □
Yogurt □
Bolos □
Chocolates □

Actividade 2 O que vais fazer hoje?

□ O que vais fazer hoje?
■ Vou fazer compras no supermercado.
E tu?

Continue…

fazer compras	dançar	jantar
…no supermercado	…na discoteca «Koknot»	…no restaurante «A toca»
cantar	**procurar**	**ficar**
…no coro	…um apartamento	…em casa

2

□ Vamos primeiro ao talho...
...
■ Bom dia, minha senhora, o que deseja?
□ Um quilo de lombo de porco, faz favor.
■ É tudo?
□ Como é a carne de bife? É tenra?
■ Muito tenra, tenríssima, minha senhora!
□ Então dê-me quatro bifes.
...
Quanto é?
■ São 1.600$00.

O que deseja?

Um quilo de lombo de porco, faz favor.

Dê-me quatro bifes de vaca.

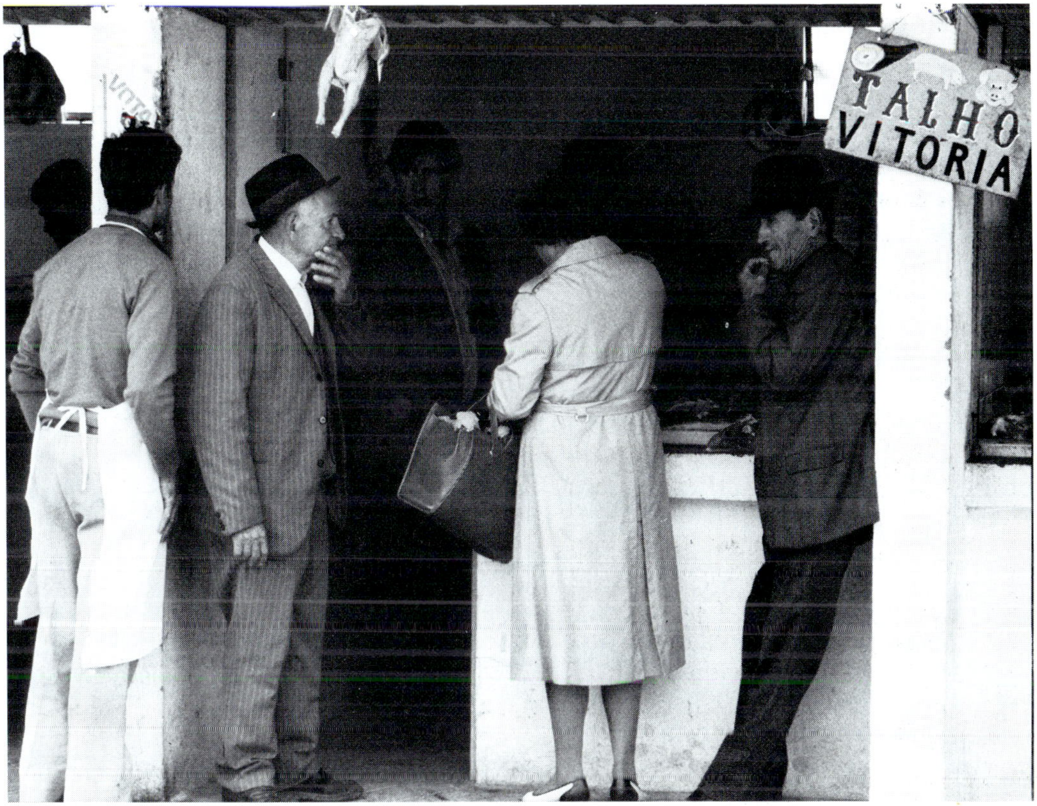

Actividade 3 Aonde é que eles vão?

O António e a Ada vão fazer compras.
Primeiro, vão … para comprar pão.
Depois, …
Finalmente, …

pão croissant	carne de porco carne de vaca	ovos café leite queijo	fruta verduras arroz

3

- □ Eu queria três quilos de batatas, uma lata de azeite e 250 gramas de fiambre.
- ■ E que mais?
- □ Cinco fatias finas de presunto. Quanto custa o quilo?
- ■ 1.300$00 o quilo mas é muito bom.
- □ E dê-me também meio quilo de uvas. Quanto custam?
- ■ 120$00 o quilo.

Dê-me	250 gramas de fiambre. três quilos de batatas. uma lata de azeite. meio quilo de uvas. cinco fatias de presunto.

Quanto custa o presunto? Quanto custa o azeite?	1.300$00 o quilo. 375$00 a lata.
Quanto custam as uvas?	120$00 o quilo.

Actividade 4 — O que é que vai comprar?

□ Bom dia.
■ Queria meio quilo de café.
□ E que mais?
■ …

Continuem…

café	500 gr.
azeite	1 L
sal	1 kg
água mineral	3 garrafas
vinho	1 garrafa
fiambre	100 gr.

carne picada 750 gr.
2 chouriços

1 pão de centeio
5 pães

4

□ Os melões são doces?
■ São uma delícia, minha senhora. Estão bem maduros.
□ Quanto custam?
■ 60$00 o quilo.
□ Ah! Não! São muito caros. Levo só um quilo de feijão verde e uma alface. Ah! Preciso também de uvas.
■ Um quilo?
□ Mas essas não. Aquelas, as pretas.

Actividade 5

Pergunte e dê a resposta.

Como é	os bifes	doces
Como são	o queijo	magro
	o presunto	tenros
	os melões	finas
	as fatias de fiambre	fresca
	a carne de porco	maduros
	a alface	bom
	as laranjas	tenra

Repita a actividade 5, mas responda assim:
□ Como é a alface?
■ Esta é fresca, mas aquela não.

Continue...

Actividade 6

Complete com *caro, bom, fino, magro, fresco, prático, tenro, óptimo.*

1. Dê-me 4 fatias de fiambre bem _______________.
2. Eu compro a fruta no mercado, é sempre mais _______________.
3. Prefiro comprar a carne no talho, porque é _______________.
4. A mercearia é _______________ e tem tudo.
5. O presunto é caro, mas é _______________.
6. O azeite e o fiambre português são de _______________ qualidade.
7. O queijo da Serra é muito bom, mas custa 1.500$00 o quilo, é muito _______________.

Actividade 7 Este ou esse?

Todas estas coisas estão perto do vendedor. Você quer comprar, mas primeiro pergunta:

□ Essas maças são doces?
■ Estas são muito doces.

Continue...

manteiga	de hoje
pão	maduro
queijo	da Serra
melancia	doce
leite	fresco
azeite	com sal / sem sal
maçãs	virgem

Actividade 8 Palavras cruzadas

Die markierten Kästchen ergeben, von oben nach unten gelesen, das Wort für ein Fleischprodukt.

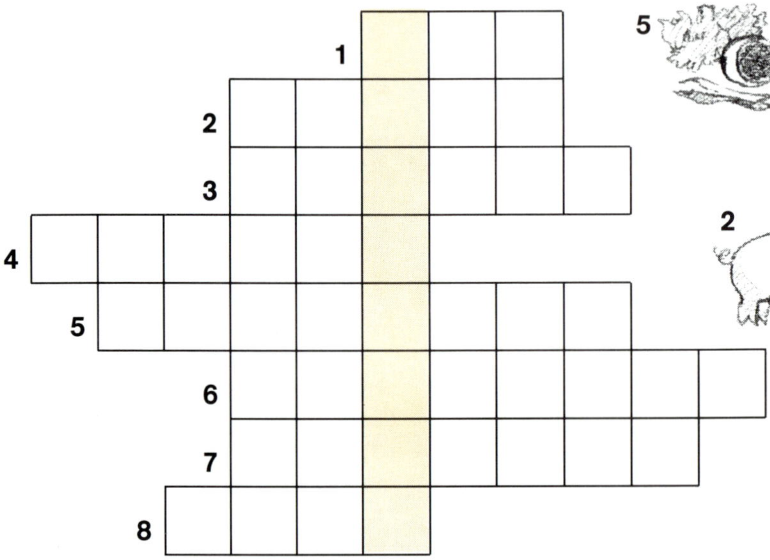

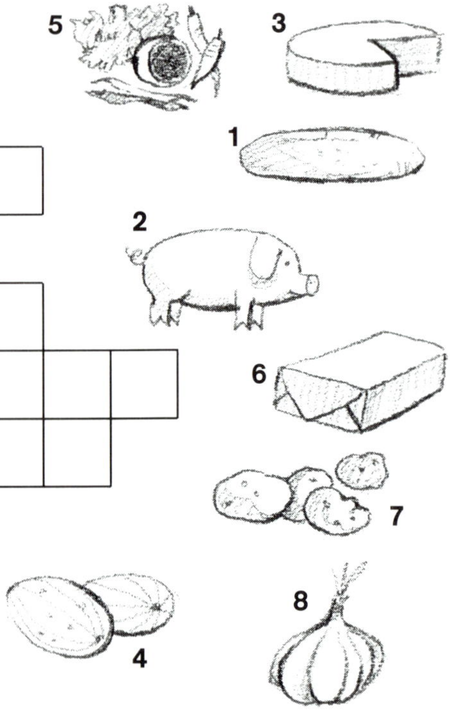

Actividade 9

Complete o diálogo.

Sie erkundigen sich nach frischem Brot.

□ ______________________________

■ Fresquinho, minha senhora. Quantos quer?

Sie brauchen sieben Brötchen. Sie möchten auch 200 gr. rohen Schinken. Sie erkundigen sich nach dem Preis.

□ ______________________________

____

____

■ 1.200$00 o quilo, mas é muito bom. Mais alguma coisa?

Sie möchten 1/2 kg Weintrauben und fragen, ob sie süß sind.

☐ ______________________

■ Doces? São uma delícia. Não quer levar um queijo da Serra?

Sie lehnen für heute ab. Sie möchten zahlen.

☐ ______________________

■ Bem, ao todo são 422$00.

5 É fácil fazer um almoço típico e especial!

Carne de porco à alentejana

1 Kg de lombo de porco
1 copo de vinho branco
1 colher de sopa de colorau doce
1 pimento vermelho,
sal, pimenta, 3 gotas de piri-piri
1 folha de louro, 5 dentes de alho
2 colheres de sopa de banha, óleo
2 colheres de sopa de azeite
500 gr. de amêijoas, salsa

Cortar a carne em cubos (3 cm). Temperar com os alhos pisados, sal, pimenta, colorau, pimento cortado, folha de louro, piri-piri, vinho e azeite. Deixar ficar assim 3 horas ou mais. Fritar a carne na banha e óleo quente.

Depois, lavar bem as amêijoas e juntar à carne. Deixar cozer ainda 10–12 minutos. Juntar a salsa picada. Provar e servir com batatinhas fritas em cubos e salada de alface, temperada com azeite e vinagre.

Actividade 10

Eine Bekannte hat bei Ihnen *Carne de porco à alentejana* gegessen und es hat ihr sehr gut geschmeckt. Sie möchte das Rezept haben. Beschreiben Sie ihr, wie Sie das Gericht machen.

Primeiro, corto a carne em cubos...

Continue...

Actividade 11

Você pode fazer este prato simples, rápido e apetitoso:

Costeletas de porco com batatas cozidas e salada de alface
Temperar as costeletas com alho, sal, pimenta, limão e rosmaninho. Deixar ficar assim uma noite ou algumas horas. Fritar em margarina 20 minutos.
Servir com batatas cozidas e salada de alface.

Como é que faz?
O que é que tem em casa?
O que é que é preciso comprar?

Actividade 12 Compreensão auditiva

Hören Sie sich das Gespräch zweimal an. Tauschen Sie in Ihrer Gruppe aus, was Sie verstanden haben.

T **Comer e beber**

□ Olá tio!
■ Viva Margarida! O que fazes aqui na Baixa a esta hora? Vamos almoçar juntos?
□ Eu nunca almoço, tio.
■ Mas porquê? É para manter a linha?
□ Não, não. Eu não sei como é que vocês podem comer, duas vezes por dia, sopa, um prato e sobremesa.
■ Falta o café.
□ Os meus colegas de trabalho também quase todos vão a casa ou à cantina almoçar. Eu prefiro a esta hora petiscar.
■ E o que é que tu chamas petiscar?
□ Comer um croquete, um croissant ou um cachorro quente... e pronto.
■ Pois olha, o que eu mais gosto de fazer com amigos é comer num restaurante com ambiente bem familiar e com um bom vinho à mesa.
□ E claro, de que falam durante o almoço? De comida!
■ Ah! Nem sempre. Isso é só às vezes, quando a tua mãe e a tua tia estão juntas: Elas gostam muito de contar como fazem feijoada... ou... bacalhau.
□ Logo bacalhau, que eu não gosto nada!
■ Tu não sabes o que é bom, menina! Um bacalhauzinho regado com um bom azeite é uma delícia. A cozinha da tua tia é até simples, mas uma coisa ela sabe – temperar de uma maneira deliciosa com azeite, alho e ervas frescas
□ Mas nós comemos demais, não achas?
■ Tu preferes o pronto a comer? Olha, para mim, comer e beber é também uma forma de conviver.
Eu por exemplo, faço muitos negócios à mesa, resolvo problemas de trabalho e de família à mesa...
Bem, mas vai lá petiscar, que eu vou almoçar! Um beijo.
□ Adeus e bom apetite!

Actividade 13

Hören Sie sich das Gespräch nochmals an.
Welche der folgenden Aussagen ist richtig oder falsch?
Vergleichen Sie mit den anderen Ergebnissen in Ihrer Gruppe.

	certo	errado
O tio da Margarida		
a. almoça e janta diariamente.	□	□
b. não toma café depois do almoço.	□	□
c. não gosta de ir ao restaurante com amigos.	□	□
d. acha que comer e beber é uma forma de estar com os outros.	□	□
A Margarida		
e. prefere petiscar à hora do almoço.	□	□
f. não gosta de falar de comida durante o almoço.	□	□
g. acha que os portugueses comem demais.	□	□
h. gosta muito de bacalhau.	□	□

Actividade 14 Comer e beber no seu país

1. Os alemães gostam de comer?
2. Têm tempo para comer? A família ainda come junta?
3. O que bebem com a comida?
4. Quando bebem vinho?
5. Vão muito ao restaurante?
6. Que tipo de restaurante preferem e porquê?

Actividade 15

E para você, comer é importante?
O que acha da frase: «É preciso comer para viver e não viver para comer»?

Comer para viver ou viver para comer?

UNIDADE 7

1 Irene tem 30 anos e o marido 32. Ela trabalha na secretaria de uma escola e o marido no aeroporto. Eles têm dois filhos: João (6 anos) e Carolina (8 anos). Irene fala do seu dia-a-dia.

Eu levanto-me às 7 horas da manhã, acordo as crianças, lavo-me, visto-me depressa e preparo o pequeno almoço.

Quando todos estão prontos, tomamos juntos o pequeno almoço e logo depois saímos de casa.

O meu marido leva as crianças à escola. E às oito e meia em ponto eu começo a trabalhar.

Não vou a casa à hora do almoço, para não perder tempo. Almoço na cantina.

De tarde começo a trabalhar outra vez às duas horas.

Às cinco e meia termino o trabalho e no caminho para casa faço as compras.

Quando chego a casa, as crianças já voltaram da escola. Eu entretenho-me com elas, descanso um pouco e depois começo a fazer o jantar.

Mais ou menos às nove horas jantamos. Depois a Carolina ajuda-me um pouco a arrumar a cozinha e só quando as crianças já estão na cama, sento-me a conversar com o meu marido ou a ver a televisão.

Lá pela meia noite vamos para a cama.

Actividade 1 O que fazem? E a que horas?

Actividade 2

1. Zu zweit versuchen Sie, den Tagesablauf des anderen zu erfahren, indem Sie sich gegenseitig sechs Fragen stellen, die nur mit ja oder nein beantwortet werden können, z. B.:
   Você levanta-se às seis horas? Tu sais de casa às sete e meia?

2. Suchen Sie einen anderen Partner und erzählen Sie sich gegenseitig, was Sie erfahren haben, z. B.: Heidi levanta-se às cinco horas.

2

□ Ontem telefonei pra tua casa várias vezes, mas não encontrei ninguém...
■ Pois é, nós saímos porque o meu marido ontem não trabalhou.
Nós passámos o dia no parque de Monsanto! E tu, o que é que fizeste?
□ Nada de especial. Fiquei em casa, escrevi cartas e li um pouco.

Manuel, o que é que fizeste O que é que a senhora fez	ontem?
O que é que (vocês) fizeram	ontem?

Fiquei em casa. Escrevi cartas. Li um pouco.	
Nós	saímos. passámos o dia...

Actividade 3 O que é que eles fizeram ontem?

Actividade 4 E você, o que é que fez ontem?

Bilden Sie Zweiergruppen und versuchen Sie gegenseitig von Ihrem Partner/ Ihrer Partnerin zu erfahren, was er/sie gestern gemacht hat. Benutzen Sie dabei die unten angegebenen Sätze.

□ Fizeste compras ontem?
■ …

□ Fez compras ontem?
■ …

Continue…

fazer compras
jogar cartas / ténis / futebol
encontrar um/a amigo/a
visitar um museu

cozinhar, comer em casa ou comer fora
ficar em casa até ao meio-dia
ler o jornal
sair à tarde ou à noite

3

□ Olá pá!
Então, essas férias? O que fizeste?
■ Este ano fiquei por cá, mas passei umas belas férias!
Finalmente conheci a cidade! E tu?
□ Eu fui a Portugal com a minha mulher.
■ Sim? Onde é que estiveste?
□ Primeiro, fomos a Viseu visitar a família dela.
Depois estivemos em Viana, onde moram os meus pais.
Aí trabalhei muito nas vindimas, porque não há gente
para trabalhar nos campos, pá!
E é claro, só comemos coisas frescas da horta.

O que é que	fizeste fez fizeram	nas férias?

Fui	a Portugal. visitar a minha família.
Fomos	muito ao cinema. à praia.

Onde é que	estiveste? esteve? estiveram?

Estive em Portugal.

Estivemos com a família.

Actividade 5 O que é que fizeste?

□ Pedro, o que é que fizeste nas férias?
■ Fui ao Brasil.
□ Onde é que estiveste?
■ No Rio de Janeiro.
□ Estiveste lá pela primeira vez?
■ Sim.

Continue…

- Maria, o que é que…
- E o teu filho, o que é que…
- E vocês, o que é que…
- E as crianças, o que é que…
- E você, o que é que…

Actividade 6 O que é que vocês fizeram nas férias?

Sie sind **A,** und **B** ist Ihr Arbeitskollege. Aus dem Urlaub zurückgekehrt, unterhalten sich **A** und **B** am ersten Arbeitstag über ihre Ferien. Bilden Sie den Dialog anhand der nachstehend skizzierten Informationen.

Actividade 7 Este é o teu filho?

□ Este é o teu filho?
■ Sim. É o meu filho.

□ Sra. D. Clara, esta é a sua filha?
■ Não, não é a minha filha, é a filha dela.

Continue...

apartamento	mulher	meu/teu/seu/dele
filha	chaves	minha/tua/sua/dela
carro	bicicleta	meus/teus/seus/deles
cartas	garrafas	minhas/tuas/suas/delas
marido	passaporte	
amigo	filhos	

Actividade 8 Onde está a tua amiga?

Construa frases.

Fui a Portugal com	as minhas	filho.
Onde está	o teu	amiga?
Fui visitar	a minha	pais.
Ontem encontrei	o meu	chaves, faz favor.
Dê-me	os teus	pai.
Olá João, como está	os vossos	apartamento!
Sr. Nunes, quando chega	o seu	passaporte?
É muito caro	a tua	filhos vão para a escola?
A que horas é que	o nosso	mulher?

Actividade 9

Complete com *o meu, o teu, o seu, etc.*

Na portaria dum hotel

Isabel: O senhor ainda tem _______________ passaporte?
Empregado: Não. _______________ marido já levou o passaporte.
Isabel: Então, dê-me _______________ chave, faz favor.
Empregado: Qual é o número de _______________ quarto?

Conversa entre amigos

Rui: Ontem encontrei _______________ filho. Está muito grande!
E _______________ filha, o que faz?
José: Termina a escola este ano.
_______________ filhos ainda andam na escola?
Rui: _______________ filho, sim. _______________ filha já saiu.

4 Fernando Pessoa nasceu em Lisboa no ano de 1888. Com a idade de 5 anos perdeu o pai. Dois anos depois, a mãe casou-se pela segunda vez com o cônsul de Portugal na África do Sul, onde o futuro poeta viveu até 1904.
Em 1905 regressou definitivamente a Lisboa. Aí frequentou durante algum tempo o Curso Superior de Letras, mas logo começou a trabalhar como correspondente em inglês de firmas comerciais.
Em 1921 publicou poemas ingleses e em 1934 surgiu o seu único livro em português publicado em vida.
Só depois da morte, Portugal descobriu a sua obra.
Fernando Pessoa morreu em 1935.

Actividade 10

O que é que aconteceu na vida de Fernando Pessoa?

Em 1888/1905/1935/1921/1934/1895...

Actividade 11 Em que ano?

Reden Sie Ihren Gesprächspartner in dieser Übung bitte mit «Sie» an.

□ Em que ano começou a trabalhar?
■ Em...

Continue...

começar a trabalhar
nascer
entrar para a escola
começar a aprender português
fazer férias pela primeira vez
dançar pela primeira vez
sair pela primeira vez com um amigo / uma amiga

Wiederholen Sie die Übung mit cinem anderen Partner, den Sie diesmal duzen.

Actividade 12

A vida de José Afonso, um cantor de protesto.

Complete.

José Afonso ______________ em 1929 em Aveiro.	nascer
De 1949 até 1953 ______________ História e Filosofia em Coimbra.	estudar
Em 1964 ______________ para Moçambique e ali ______________ 4 anos.	ir estar
Em 1967 ______________ a Portugal.	regressar
______________ oposição à ditadura através da sua militância política e das suas canções.	fazer
A canção «Grândola vila morena» ______________ o sinal de partida para a Revolução de 25 de Abril	ser
O dinheiro dos seus 14 LPs ______________ para os pobres do Alentejo.	ir
Em 1987 José Afonso ______________ completamente pobre em Setúbal.	morrer

Actividade 13 Compreensão auditiva

T Ouça o que cada pessoa diz, duas vezes. Digam uns aos outros o que entenderam.

O que somos e para onde vamos?

MARGARIDA MARANTE, jornalista e advogada. Visitou em 1985 várias capitais do Mercado Comum. Antes de viajar, disse:
«É a primeira vez que viajo à Europa como cidadã comunitária. Entramos num mundo novo e sabemos tão pouco dele... O que espero desta viagem? Como jornalista quero me informar, fazer contactos, aprender, mas também falar sobre nós, explicar que não somos uma província espanhola, que Portugal não é só fado e Alfama...»

JÚLIO PEREIRA, 51 anos, operário da Renault, vive em Paris com a mulher e os filhos.
«Eu e a minha mulher queríamos voltar para Portugal, mas não podemos. Em Paris tenho o meu trabalho, a minha mulher faz limpezas e as crianças estão bem na escola. Aqui, onde é que eu encontro trabalho? Portugal para mim é um lugar onde de vez em quando venho passar férias, ver a família e a casinha que eu fiz. Voltar? Só depois da reforma.»

VITORINO CAMPELO, camponês, 50 anos, 3 filhos.
«Trabalho no campo com a minha mulher. A terra dá trigo, legumes e temos também vinho. Isto chega para alimentar a família, mas não para vender. Este ano só vendi um pouco de azeite. É uma vida dura. Os meus filhos não querem ficar no campo. Dois já estão em Lisboa».

Actividade 14

Ouçam outra vez o texto.
Que fotografias podem relacionar com a fala de Vitorino Campelo, de Júlio Pereira e Margarida Marante. E porquê?

Actividade 15 Como é no seu país?

Que profissões é que os jovens evitam hoje e porquê?

UNIDADE 8

1

□ Onde é que a malta vai hoje, pá?
■ No Londres está a correr um filme muito bom! Queres vir? Começa às nove e meia.
□ Eh, pá! Não sei. É que eu à meia noite tenho que ir buscar a minha namorada a Sta. Apolónia.
■ Tens tempo, pá! O filme acaba às onze e meia e depois a malta leva-te à estação.
□ Vocês levam-me mesmo?
■ Claro.

Onde vamos hoje?

O que fazemos no fim de semana?

Está a | correr um filme…
dar

Podíamos fazer uma excursão.
Vamos dar um passeio.

UNIDADE 8

Actividade 1 O que fazemos no fim de semana?

□ O que fazemos no fim de semana?
■ Podíamos dar um passeio no Parque de Monsanto.

Actividade 2 Qual é a possibilidade?

Procure à direita a frase certa.

1. Já sabes o que fazes para a festa?	Podíamos ir de comboio.
2. Não sei aonde ir hoje...!	Podia telefonar para ela.
3. Não vejo a Clara desde o ano passado.	Eles podiam ir ao aeroporto.
4. Como vamos a Portugal sem carro?!	Podia fazer pastéis de bacalhau.
5. Nós precisamos de falar com vocês.	Podias ir ao festival de jazz.
6. Quem vai buscar a Clara?	Vocês podiam vir à nossa casa.

Actividade 3 — O que há hoje na televisão?

Escolha com o seu colega o programa que querem ver hoje à noite.
A que horas é?

Televisão

A semana

SEXTA-FEIRA, 2

RTP-1

10.00 Às Dez
13.00 Jornal da Tarde
13.30 Documentário
14.00 Walt Disney
15.00 A Família Miniver
18.00 Sumário
18.05 Brinca Brincando
18.50 Desenhos Animados
19.30 Telejornal
20.00 O Tempo
20.10 Viver a Vida
20.55 Este é o Meu País
21.10 Xailes Negros
22.10 Robinson Crusoé Sobre o Gelo
22.45 Hitchcock Apresenta

RTP-2

15.00 Agora, Escolha!
16.30 Notícias
16.35 Fama
17.30 Trinta Minutos Com...
18.00 Aves Migratórias
18.30 Estádio
19.30 Os Descobrimentos Portugueses e a Europa do Renascimento
20.00 Notícias
20.05 5.ª Dimensão
20.30 Uma Família às Direitas
21.00 Contraponto
22.30 O Bravo Soldado Schweick
23.30 Uma Boa Ideia
23.40 É de Ler

Actividade 4 — A que horas começa/acaba o programa?

No Canal 1
O telejornal
Viver a Vida
Hitchcock

No Canal 2
Fama
O Bravo Soldado Schweick

2

□ Não queres fazer um piquenique na quarta-feira, que é feriado? Que achas?
■ Ah! Que pena! Não posso. Tenho o aniversário de um amigo, que faz 40 anos. Não posso faltar!
□ Não faz mal. Fica para sábado. Eu telefono-te depois.

Não queres fazer um piquenique?
O que achas?

Que pena! Não posso.
Estou muito ocupado.
Boa ideia!
Sim, com muito gosto.

Actividade 5 Que tal, terça-feira?

1. Escreva na sua agenda o dia e a hora em que tem 5 destes compromissos: lição de dança, cinema, dentista, ginástica, buscar o filho à estação, concerto, lição de português, ténis, ...

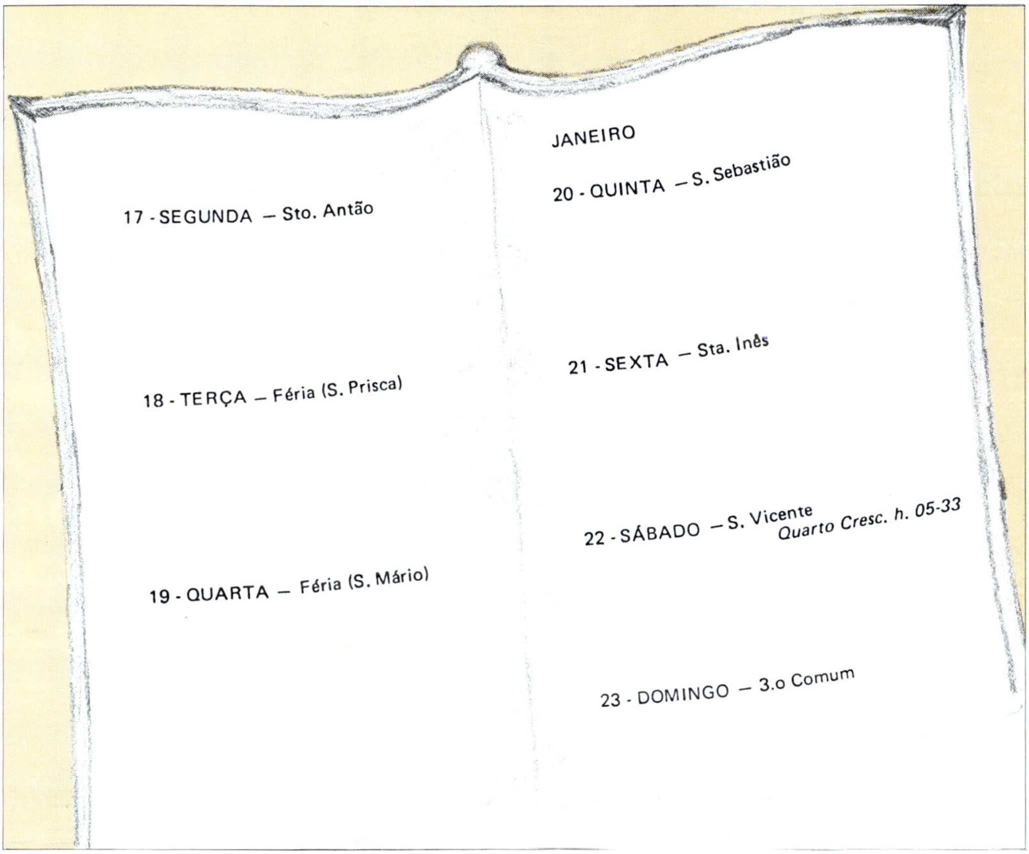

2. Você quer jantar fora com dois colegas. Combine um dia na semana.

□ Porque é que não vamos comer fora esta semana?
■ Boa ideia! Mas tenho que ver quando posso.
□ Que tal, terça-feira?
■ ...

Actividade 6 *Me, te, nos, vos*

Reconstrua o diálogo e complete.

1. Sim, porquê?
2. Então, vou ______ buscar aí a casa. A que horas?
3. Carlos, também vais ao aniversário do Jorge?
4. Buscar ______ ? Sim, mas eu queria ainda comprar um disco na cidade.
5. O.K. Vejo ______ mais tarde.
6. Podes ______ fazer um favor?
   O Luís vai mais tarde. Podes ______ buscar aqui em casa?
7. Não, não é preciso. Nós encontramos ______ na «Melodia» às 6 e depois vamos juntos.
8. Ah, óptimo. Isso também ______ interessa porque eu quero comprar um disco de Milton Nascimento.

3

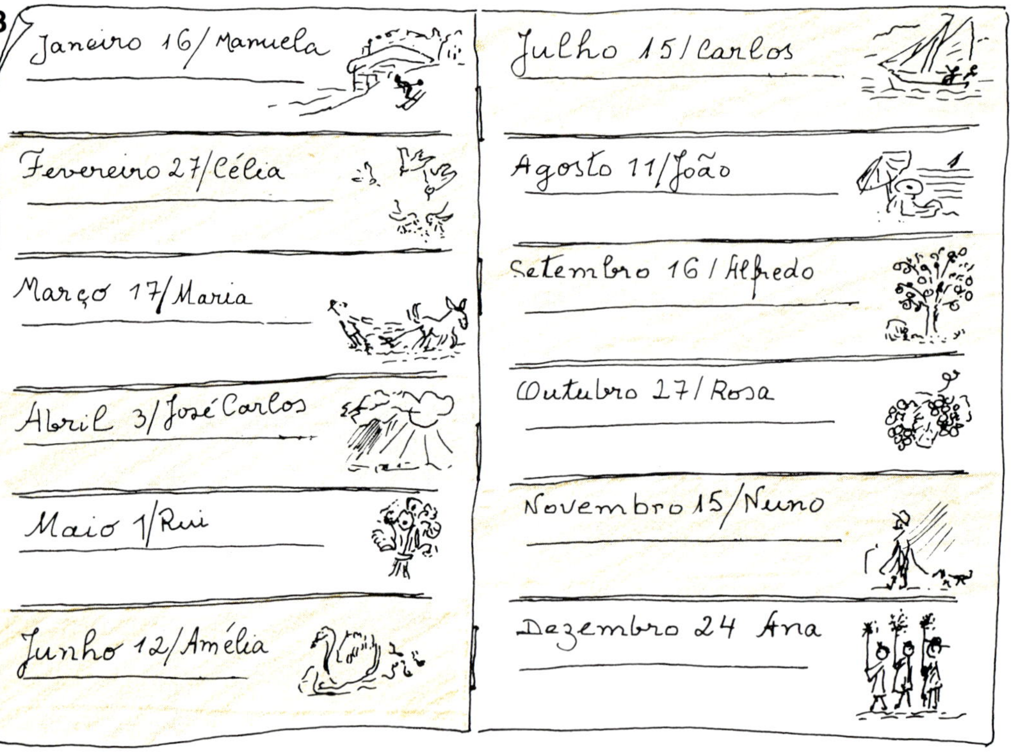

Actividade 7 — Calendário de aniversários

□ Em que mês faz anos a Amélia?
■ Em Junho.

Continue...

Actividade 8 — Quando faz anos?

Consulte o calendário da actividade 7.

□ Quando faz anos a Amélia?
■ A 12 de Junho.
□ Quantos anos faz?
■ 42 anos.

Continue...

4

□ Então como foi o aniversário?
■ Foi muito divertido.
Durou até às duas da manhã.
Sabes quem eu vi lá? O Alfredo...
□ Que Alfredo?
■ Aquele que namorou a tua irmã.
□ Meu Deus, eu já não vejo esse homem há 15 anos!
Como é que ele está?
■ Gordo e careca.
□ Está casado?
■ Ai, não perguntei.

Como foi	o aniversário? a festa? o filme?

Foi	muito divertido/engraçado. óptimo/interessante. chato/muito bom. horrível/mau/ruim.

Actividade 9 Jogo: É homem ou mulher?

Uma pessoa sai da sala. Os outros escolhem uma personalidade bem conhecida (Steffi Graf, Helmut Kohl, Marilyn Monroe, etc.).
A pessoa que saiu entra na sala outra vez e faz perguntas para descobrir quem foi a personalidade escolhida. Só se pode responder às perguntas com sim ou não:

É homem? · Ainda vive? · É alemão? · Joga futebol?...

Actividade 10 Que ou quem?

□ O filme ______ nós vimos em Paris, já passa em Lisboa.
■ De ______ filme estás a falar?
□ «Três homens e um bébé». É um filme muito divertido.

□ O rapaz ______ conheci em França, vem nos visitar.
■ Esse rapaz ______ ______ falas, é francês? Eu não sei francês.

□ As coisas ______ comprei para o piquenique estão aqui.
■ ______ traz as bebidas?
□ O Carlos queria trazer cerveja e vinho.

□ A rapariga ______ ______ falaste ao telefone há uma hora, telefonou outra vez!
■ O que é que ela queria?

□ Temos que nos levantar sempre tão cedo para chegar a tempo ao trabalho.
■ Pois é, ______ quer morar fora da cidade, tem que se levantar cedo.

Actividade 11 Uma história

Conte uma história com as seguintes palavras:

aniversário
trabalhar à noite
divertido
convidar
passar férias
escrever
conhecer a Carolina
número de telefone
simpática
namorar

Actividade 12

Leia a frase seguinte.
«Por favor, não me podem deixar ler o jornal tranquila e olhar um pouco a televisão? Só peço um pouco de tranquilidade. Não é muito.»

São palavras de um homem ou de uma mulher?
Que conclusões pode tirar sobre a pessoa que disse estas palavras?
Como é o seu dia-a-dia?

5

□ Então o nosso piquenique, quando é?
■ No próximo sábado, está combinado.
□ E o que é que a gente leva?
■ Sei lá, olha, eu posso levar um arroz de tomate e pastéis de bacalhau.
□ Eu levo então um franguinho e uma salada. E os homens compram a fruta e as bebidas.
■ Onde é que a gente se encontra?
□ À saída da ponte, às dez horas.
■ É melhor às dez e meia...

PARA CRIANÇAS MUSEUS FEIRAS EXPOSIÇÕES Lisboa BARES/BOÎTES

COLECTIVA - Galeria Restauração,
Av. Guerra Junqueiro, 18-C. Seg. a Sáb. 9–13 e 15–19.

Feira Popular de Lisboa
Av. da República, T. 768444 e 768608. De 2.ª a 6.ª, das 19 às 24, e aos sáb. e dom., das 13 às 24. Entradas grátis até aos 10 anos; a partir dos 10, 70$.

Planetário Calouste Gulbenkian
Praça do Império (em Belém) T. 610192. Quartas, às 11, às 15 e às 16.15 h (grupos de estudantes); fins-de-semana, às 16 e às 17 h (público em geral). Entrada gratuita para grupos de escolas e crianças até aos 10 anos.

Campo de Santa Clara,
às terças e sábados, todo o dia, Feira da Ladra.

Aquário Vasco da Gama
R. Direita (Dafundo). T. 4196337. 10–18 h. Entradas grátis até aos 10 anos.

BECO DOURADO –
R. da Misericórdia, 12, T. 368649. De 2.ª a 6.ª, 17–4; sáb. e dom., 21–4.
Dom. e 2.ª, vídeos de concertos; 3.ª e 6.ª, música portuguesa e variada com **Manuel Bernardo** e **Luís Carlos;** 4.ª e sáb., música brasileira com Marcio; 5.ª, fado com **Fernando Carlos** acompanhado à guitarra por **José Braga** e à viola por **João Ramos.**

CENTRO DE ARTE MODERNA – R. Dr. Nicolau Bettencour, T. 734309.
Pr.: 800$00.
Anfiteatro ao Ar Livre. Jazz em Agosto 88.
Dias 17 e 18, às 21.30, **Cecil Taylor** e **Roger Woodward.**

MUSEU NACIONAL DE ARTE ANTIGA –
R. das Janelas Verdes. T. 664151. Ab. 10–13 e 14–17. Enc. às seg. e fer. Preço; 150$. Entrada livre c/cartão jovem.

Actividade 13 Onde vamos hoje?

Você está em Lisboa e quer sair com os seus amigos. Combine com eles onde é que vão hoje de manhã, de tarde ou à noite. Consulte o jornal pág. 104.

Actividade 14 Ontem, depois, ...

Complete com *antes de, ontem, já, sempre, cedo, depois, nunca, às vezes, logo.*

□ O que fizeste ______________ ?
■ Fui ao cinema.
□ Gostaste do filme?
■ Não, ______________ vi um filme tão brutal!

□ Quando partimos?
■ Ainda não sei. Telefono-te ______________ para dizer a hora.

□ O Sr. come ______________ aqui?
■ Não, só aos sábados.

□ Carlos, vem cá!
■ Um momento, vou ______________

□ Achas que o filme começa ______________ nove e meia?
■ Sim, começa às nove em ponto.

□ Quando é que a Sra. vem aqui comer?
■ Só ______________ quando não posso cozinhar.

□ Vou para casa. Já são 7 horas.
■ Não, fica mais um pouco. Ainda é ______________.

Actividade 15

Maria e António já não se vêem há muito tempo. Eles encontram-se na estação, onde Maria espera pelo comboio. Faça o diálogo e use *até, desde, daqui a, ainda, há, já não, há quanto tempo, quando…*

António pergunta	**Maria responde**
ob sie in Ferien geht	bis zum 10. August
nach der Abfahrt des Zuges	in 15 Minuten
ob sie schon lange da wartet	seit 20 Minuten
ob sie Zeit hätte für einen Kaffee	vor 5 Minuten hat sie einen getrunken
ob sie immer noch im Hospital Sta. Maria arbeitet	seit 1984 nicht mehr
was mit dem VW ist	verkauft
ob sie verheiratet ist	schon lange
wann sie ihren Mann kennengelernt hat	vor sieben Jahren
ob sie schon Kinder haben.	noch nicht.
Er wünscht ihr alles Gute und verabschiedet sich.	Sie bedankt sich und verabschiedet sich.

Actividade 16

BRASILEIRO ESTUDA O SAMBA EM LISBOA

Discuta com mais dois colegas, o que significa este título? O «samba» não é algo tipicamente brasileiro? O que tem Lisboa a ver com o samba?

Actividade 17 Compreensão de leitura

Leia o texto seguinte. Trabalhe agora com mais dois colegas. Digam uns aos outros o que entenderam.

T

QUARTA-FEIRA, 31 DE AGOSTO

Diario de Lisboa 23

BRASILEIRO ESTUDA O SAMBA EM LISBOA

Luisa Alexandra Botinas

*R*icardo Dorileo é um cantor e compositor brasileiro que está neste momento a trabalhar em Lisboa. Ele promete ser um talento na música popular brasileira. Nasceu na zona Norte do Rio de Janeiro, berço do samba...

...

□ Sei que esteve a fazer uma recolha de todas as escolas de samba portuguesas. A que conclusão chegou?

■ As escolas de samba portuguesas em nada são inferiores às brasileiras quando estas começaram. É uma sensação óptima porque essas escolas fazem coisas muito bonitas. Em Portugal o número é cada vez maior.
O ideal seria deixar todas essas escolas desfilar em Lisboa, no próximo Carnaval. Aliás, nós pensamos sugerir essa ideia à Câmara de Lisboa.

□ Como vê o fenómeno da importação da cultura brasileira para Portugal?

■ É um fenómeno fantástico, uma forma de voltar às origens, visto que foram os portugueses que levaram os negros para o Brasil e com eles a música africana, raíz do samba. O samba está no mundo inteiro, até há escolas no Japão. Penso que a televisão tem uma importância muito grande na introdução da nossa cultura aqui.

□ Como explica então que Portugal não exporta a sua cultura para o Brasil?

■ Nós não conhecemos este fenómeno das escolas, mas conhecemos alguma música portuguesa, especialmente o fado...
...

□ O que pensa da nova música brasileira?

■ Há música brasileira nova que é muito boa e que não é rock. Eu não tenho nada contra este tipo de música, só acho que ela não é genuinamente brasileira.
...

Actividade 18

Leia o texto mais uma vez e com a ajuda do grupo descubra quais as frases que estão certas ou erradas.

	certo	errado
1. O samba nasceu no Rio de Janeiro.	□	□
2. Ricardo Dorileo visitou todas as escolas de samba portuguesas.	□	□
3. Ele acha que as escolas de samba portuguesas não são boas.	□	□
4. Estas escolas desfilam pelas ruas de Lisboa durante o Carnaval.	□	□
5. Através da televisão, todos os países conhecem o samba.	□	□
6. Os portugueses conhecem o samba, mas os brasileiros não conhecem música portuguesa.	□	□
7. Os brasileiros sabem que há escolas de samba em Portugal.	□	□

Actividade 19

Dança?

Gosta de dançar?
Tem amigos que costumam dançar?
Onde é que aprenderam?

Há escolas de dança na sua cidade?
Quem vai às escolas de dança?
O que pensa das escolas de dança?

O que pensa da dança popular?

Actividade 20 Passar o tempo

Mostram todas estas fotografias uma forma de passar o tempo?
Na sua opinião que fotos são tipicamente portuguesas e porquê?

E você, tem muito tempo livre?
O que é que gosta de fazer no seu tempo livre?
Tem um «hobby»?
O seu «hobby» ocupa todo o seu tempo livre?

1

NORTE

No Verão
O clima é quente e húmido.

No Inverno
O clima é frio, húmido, chuvoso e nas regiões montanhosas neva.

SUL

No Verão
O clima é quente e seco.

No Inverno
O clima é temperado e húmido.

Como é o clima	no Verão? no Inverno? no Outono? na Primavera?

É	quente/seco. frio/húmido. chuvoso. temperado.

UNIDADE 9

Actividade 1 Como é o clima no seu país?

Como é o clima no seu país?
É o mesmo no Norte e no Sul?
Como é no Inverno? E no Verão?

2

□ Bom dia.
■ Bom dia, minha senhora.
□ O senhor sabe me dizer qual é que tem melhor clima, a Madeira ou os Açores?
■ Ah! É sem dúvida a Madeira. São climas muito diferentes. A Madeira é mais quente e lá chove menos. Nos Açores, até no Verão chove.
□ Mas são aguaceiros rápidos, não é?
■ Não, não. É chuva contínua.

Qual é que tem melhor clima,
a Madeira ou os Açores?

A Madeira é mais quente.
Os Açores são mais frios.
Na Madeira chove menos.
Nos Açores chove mais.

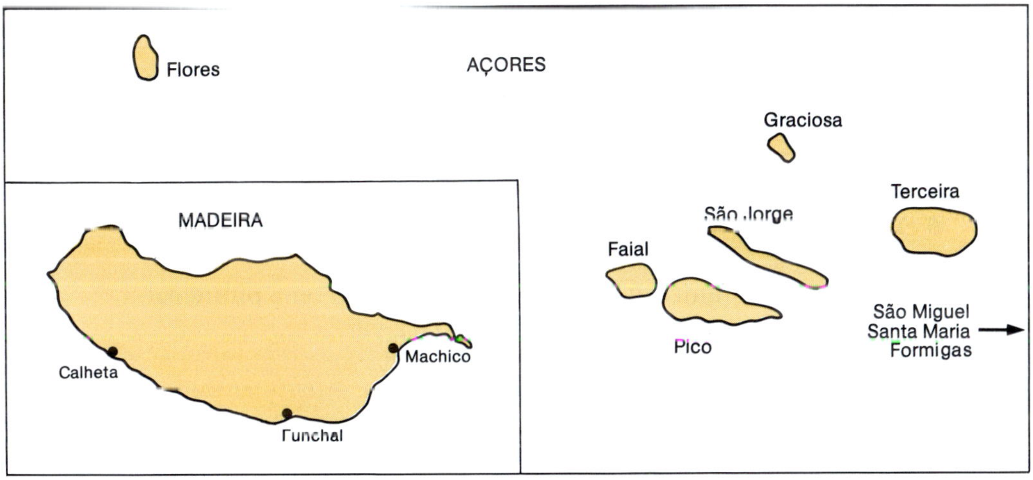

Actividade 2 — Onde é mais quente?

Você está a conversar num grupo sobre Portugal e o seu país. Quer comparar alguns aspectos dos dois países, mas no grupo há opiniões diferentes.

□ Vocês acham que o mar é mais quente em Portugal ou aqui?
■ Sem dúvida em Portugal é mais quente!
○ Eu não acho. Estive no Norte e o mar aí é muito frio,...

Continuem...

mar	importante
clima	divertido
casa	limpo/poluído
tempo livre	frio/quente
ruas	pequeno/grande
cafés	baixo/alto
restaurantes	familiar/formal
gente	cheio
praças	aberto/reservado
preços	numeroso
ritmo de vida	frequentado
comida	rápido/lento
	barulhento/sossegado
	bom
	bonito

3

□ Onde fazemos férias este ano, já pensaste?
■ Eu gostava de ir outra vez para o Algarve.
□ Mas olha lá, tem que ser sempre o Algarve?
■ Ah! Eu preciso de ir para onde faz sempre sol, calor, onde a água é quente...
□ Mas no Norte também tens praia e além disso tens pinheiral, serra, cidades antigas, muitas coisas para ver.
■ E o vento Norte... e o mar bravíssimo...!! Não, eu preciso de nadar e relaxar.

UNIDADE 9

Como está o tempo?

Está Faz	sol. frio. calor. vento.
Está	a chover. de chuva.
Chove. Neva.	

Eu gostava de Queria tanto	ir para o Algarve. passar férias no estrangeiro…
Eu preciso de/Necessito de Tenho necessidade de	sol, sossego, … nadar, relaxar, …

Actividade 3 Como está o tempo aí?

Telefone a um amigo, que mora noutra cidade ou noutro país
Vocês falam disto e daquilo e entre outras coisas também do tempo.

Actividade 4 O que gostava de fazer?

Você vai fazer anos. O que gostava de fazer no seu aniversário?

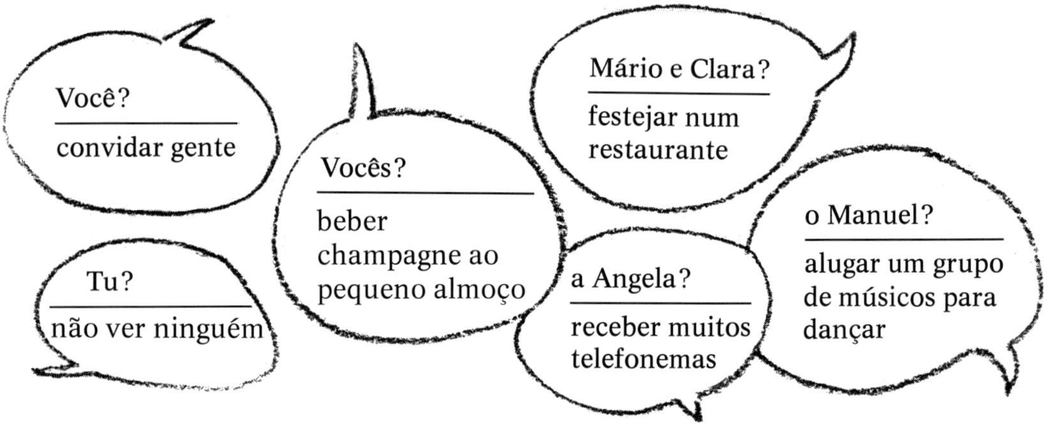

Actividade 5 O que gostava mais de fazer no seu tempo livre?

□ Eu gostava mais de nadar.
■ Eu gostava mais de jogar cartas que de nadar.
○ Eu gostava mais de ler que de jogar cartas.

Continue…

Actividade 6 Como me vejo?

Compare-se com estas pessoas.

Margaret Thatcher

João Paulo II.

Nina Hagen

4

□ A que horas sai o próximo comboio para o Porto?
■ Às 15.30.
□ E quando chega?
■ Às 19.45.
□ De que linha parte?
■ Da linha 3.
□ Obrigado.

De que linha parte	o comboio	para Coimbra?
Em que linha chega		de Lisboa?

Da linha 3.
Na linha 5.

Actividade 7 De que linha parte?

Para saber o que está nestas 6 tabuletas, que perguntas fazem?
Façam o diálogo.

LINHA 3
PARTIDA
PORTO (CAMPANHÃ)
GUARDA - TOMAR
DIR 15.25

LINHA 1
CHEGADA
LISBOA (S.ta Apolónia)
DIR 20.15

LINHA 4
PARTIDA
COIMBRA B
DIR 19.47

LINHA 2
PARTIDA
AVEIRO
DIR 11.35

LINHA 5
PARTIDA
PORTO (CAMPANHÃ)
GUARDA - TOMAR
DIR 16.00

LINHA 6
CHEGADA
PORTO (S. BENTO)
DIR 18.10

Actividade 8

Quais são as palavras que se referem

a comboios / a gente / a tarifas especiais / a compra de bilhetes?

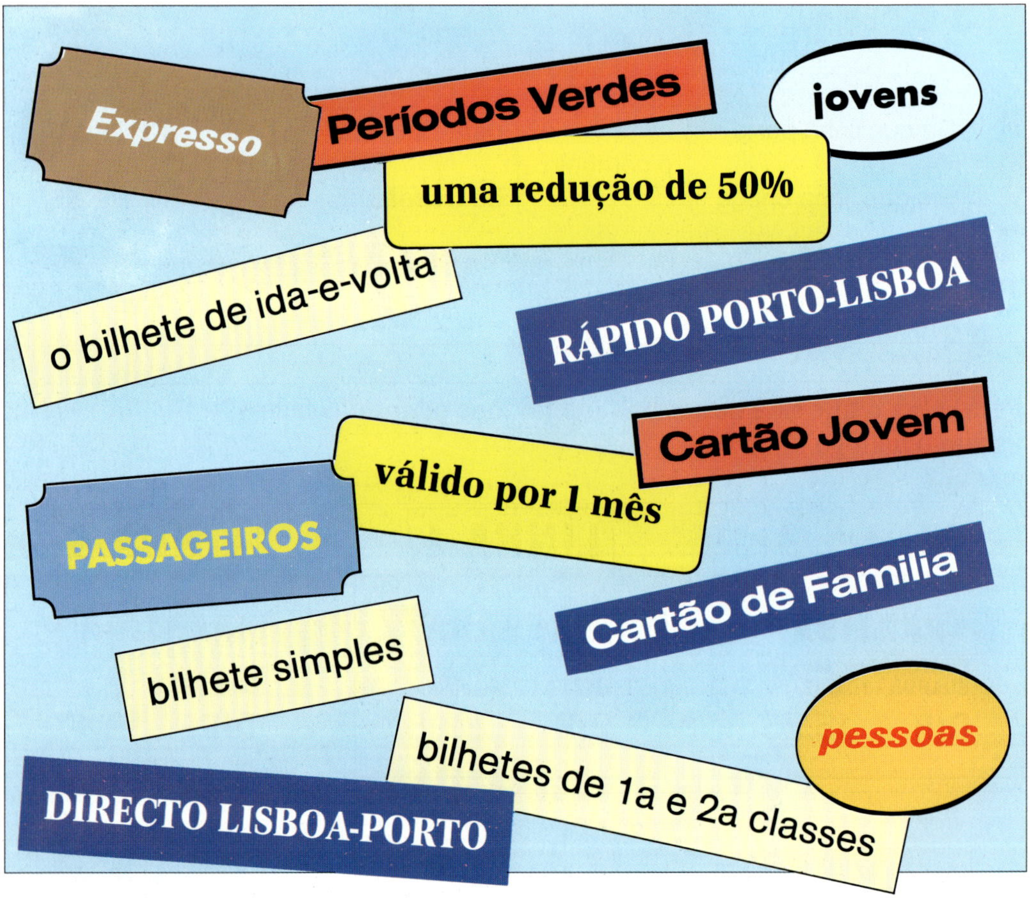

Actividade 9 Rollenspiel

A hat die nebenstehende Anzeige gelesen und will seinen Partner überzeugen, ein Wochenende in Madrid zu verbringen.

B hat viel zu tun und müßte am Wochenende noch einiges erledigen. Er erklärt seine Schwierigkeiten, läßt sich jedoch überzeugen.

5
21.25 H
LISBOA ↔ MADRID
22.55 H
8.45 H
DA NOITE PARA O DIA
A CP faz-lhe a seguinte proposta: Você apanha o comboio esta noite, e amanhã está em Madrid. Tem o dia todo para tratar dos seus negócios. E à noite regressa a Lisboa. (É claro que também pode fazer a viagem durante o dia).
Você só tem que dizer se quer ir em 1.ª ou 2.ª classe, e se quer ou não levar o seu carro*.
Durante a viagem, o tempo é todo seu. Pode passá-lo a dormir ou a trabalhar. E, claro, à sua disposição, um serviço de restaurante e a possibilidade de tomar o pequeno-almoço no quarto. Sempre na maior privacidade.
* este serviço só é válido entre 4/6 e 18/9.
Caminhos de Ferro Portugueses

6

- □ Um bilhete de ida-e-volta para o Porto, faz favor.
- ■ Para o directo ou para o rápido?
- □ Qual é a diferença?
- ■ Com o rápido chega uma hora mais cedo, mas tem que pagar suplemento e reservar lugar.
- □ Então dê-me um bilhete para o rápido.
- ■ Primeira ou segunda classe?
- □ Segunda.

Um bilhete	simples de ida-e-volta primeira classe	para	Lisboa. o rápido.

Actividade 10 Na Estação de Campanhã

Você está no Porto, na Estação de Campanhã.
Faça o diálogo nas 3 situações diferentes. Para dar a informação, consulte o horário dos comboios.

1. Você quer chegar a Lisboa até às 13.30.
   Informe-se sobre os comboios que há.
2. Vocês querem ir a Aveiro e voltar no mesmo dia. Informem-se sobre os comboios e comprem os bilhetes.
3. Você volta hoje para Lisboa, mas quer parar em Coimbra para ver um amigo. Ele só está livre de manhã. Informe-se sobre os comboios e compre o bilhete.

RÁPIDOS BRAGA-PORTO-LISBOA – «SERVIÇO ALFA»

ESTAÇÕES		[1] [2] [3] [R] Y (Y)	IC [2] [4] [R] Y (Y)	[1] [2] [R] Y (Y)	[1] [2] [R] Y (ψ)	[1] [2] [R] Y (Y)	[1] [2] [R] Y (Y)	IC [2] [4] [R] Y (Y)	[1] [2] [R] Y (ψ)
		120	530	122	124	126	128	532	130
		1-2	1-2	1-2	1-2	1-2	1-2	1-2	1-2
Braga	P		5 40					15 52	
Porto (Campanhã)	C		6 48					17 00	
	P	7 15	7 04	8 25	11 00	14 40	17 00	17 25	20 15
Vila Nova de Gaia		7 22	7 12	8 34	11 09	14 49	17 09	17 33	20 24
Espinho			7 25	—	—	—	—	17 46	—
Aveiro			7 59	9 10	11 45	15 28	17 45	18 13	21 00
Coimbra-B			8 35	9 43	12 18	16 02	18 18	18 49	21 33
Pombal			9 04					19 17	
Entroncamento			9 43					19 56	
Lisboa (S. Apolón.)	C	10 15	10 52	11 55	14 30	18 10	20 30	21 05	23 45

⁝ – Comboio com suplemento.
[R] – Marcação de lugar obrigatória.
IC – «Intercidades».
Y – Serviço de bar.
(ψ) – Serviço de refeições no lugar.

RÁPIDOS LISBOA-PORTO-BRAGA – «SERVIÇO ALFA»

ESTAÇÕES		[1] [2] [3] [R] Y (Y)	IC [2] [4] [R] Y (Y)	[1] [2] [R] Y (Y)	[1] [2] [R] Y (ψ)	[1] [2] [R] Y (Y)	IC [2] [4] [R] Y (Y)	[1] [2] [R] Y (Y)	[1] [2] [R] Y (ψ)
		121	531	123	125	127	533	129	131
		1-2	1-2	1-2	1-2	1-2	1-2	1-2	1-2
Lisboa (S. Apolón.)	P	7 15	7 20	8 25	11 00	14 30	16 20	17 00	20 15
Entroncamento			8 23				17 23		
Pombal			8 59				18 00		
Coimbra-B			9 31	10 29	13 04	16 36	18 31	19 04	22 19
Aveiro			10 07	11 03	13 38	17 10	19 07	19 38	22 53
Espinho			10 38	—	—	—	19 38	—	—
Vila Nova de Gaia		10 07	10 50	11 45	14 20	17 49	19 50	20 20	23 35
Porto (Campanhã)	C	10 15	11 00	11 55	14 30	18 00	20 00	20 30	23 45
	P		11 27				20 25		
Braga	C		12 37				21 48		

1-2 – 1.ª e 2.ª classes.
[1] – Comboio sujeito a suplemento «Serviço Alfa».
[2] – Nas carruagens de 2.ª classe só podem viajar passageiros portadores de bilhetes inteiros ou com reduções incluídas na Tarifa Geral de Transportes.
[3] – Serviço de pequeno almoço no lugar.
[4] – Só podem utilizar a 1.ª classe destes comboios os passageiros que efectuem o percurso total entre Lisboa (Santa Apolónia) – Porto (Campanhã) – Braga e vice-versa.

Actividade 11 Atenção Srs. passageiros!

Ouça os avisos e responda às perguntas.

1. Onde estamos?
   De onde vem o comboio?
   O comboio chega à hora certa?
2. Para onde vai o comboio?
   De que linha parte?
3. Em que linha entra o comboio?
   De onde vem?
4. Onde estamos?
5. Para onde vai o avião?
   Ele parte à hora certa?

Actividade 12 Que meios de transporte usa?

□ Que meios de transporte usam quando vão à Bélgica?
■ Vamos de carro, porque trazemos muitas coisas da Bélgica.
E você?

Continue...

1. Para ir esquiar,
2. Para ir ao centro,
3. Para fazer uma excursão,
4. Para fazer compras,
5. Para visitar um amigo,
6. Para ir à Inglaterra,

que meios de transporte usa?
E porquê?

Anedota brasileira

O Manuel, emigrante português no Brasil, telefona para a TAP para pedir uma informação.

Manuel: Faz favor, quanto tempo leva um voo do Rio de Janeiro para Lisboa?
Telefonista: Um minutinho...
Manuel: Puxa! Estas viagens estão cada vez mais rápidas!!!

Actividade 13 Compreensão auditiva

Ouça o seguinte diálogo.

T1 **A partida**

□ Olhe, leve-me o mais depressa possível à Estação de Sta. Apolónia, faz favor!
■ A que horas parte o seu comboio?
□ Às sete e cinco. Acha que chegamos a tempo? Tenho medo de perder o comboio...
■ Bem, não é fácil atravessar a cidade na hora de ponta... Vamos pela Marginal. Cá estamos, a Sra. tem ainda sete minutos.
......
○ Precisa de bagageiro minha senhora?
□ Sim sim, mas depressa que ele já vai partir.
○ Qual é o comboio?
□ É o International para Madrid.
○ Ele está com atraso. Acalme-se, a Sra. tem muito tempo ainda. E qual é a carruagem?
□ Agora não sei do bilhete!
○ Procure devagar.
□ Eu sei que é um beliche. Ah! Aqui está. Carruagem 7.
○ Cá estamos.
□ Quanto é?
○ Acima da tabela é o que a Sra. quiser dar.

Actividade 14

Quais afirmações são certas, quais erradas?
Compare com os resultados de mais dois colegas.

	certo	errado
1. A senhora apanhou um avião para Paris.	□	□
2. O táxi vai pela Marginal.	□	□
3. No centro da cidade há muito trânsito.	□	□
4. Ela leva a sua bagagem sozinha.	□	□
5. Ela reservou um lugar.	□	□
6. Ela perdeu o bilhete.	□	□

Actividade 15

Ouça novamente o texto e dê atenção a certas afirmações.

1. Ela não diz : Leve-me já à Estação de Sta. Apolónia.
   mas sim : Leve-me ______
2. Ela não diz : Vou perder o comboio.
   mas sim : ______ perder o comboio.
3. Ele não diz : Não é fácil atravessar a cidade na hora de muito trânsito.
   mas sim : Não é fácil atravessar a cidade ______
   ______
4. Ele não diz : O comboio está atrasado.
   mas sim : ______
5. Ele não diz : Procure com calma.
   mas sim : ______

Actividade 16

Sie wollen Ihre Ferien im Haus eines befreundeten Ehepaares in Portugal verbringen. Schreiben Sie Ihren Freunden einen Brief mit folgenden Angaben:

Abfahrt: 18. Mai, Flughafen Düsseldorf 14.30 Uhr.
Ankunft: Lissabon 18.30 Uhr.
Erkundigen Sie sich:
a) Wie Sie vom Flughafen Lissabon zu deren Wohnung kommen können?
b) Ob Ihre Freunde sich etwas aus Deutschland wünschen?
Drücken Sie Ihre Freude aus, sie wiederzusehen und verabschieden Sie sich.

Caros amigos,
...

Actividade 17 Férias, férias, férias...

Para você o que quer dizer férias?
Como pode imaginar umas férias em casa?
Em que estação do ano faz férias?
Porquê?
O tempo é importante para você?
Em Portugal fazemos férias só no Verão. Como é no seu país?

EXPRESSO, QUINTA-FEIRA 24 DE DEZEMBRO

NACIONAL

T2

27 horas no «Sud-Express»

Paris, gare de Austerlitz, 7 e 15 de sábado.

Falta hora e meia para a partida do «Sud-Express», e o português é, já desde a madrugada, o falar dominante. Há perguntas que nunca mais acabam. «Pagaste suplemã?», pergunta um. «Cuchetas está tudo completo!» diz outro. «Avança prá frente!» insiste um terceiro para um companheiro, os dois com malas e garrafões procurando a sua carruagem.

O comboio parte à tabela cheio de trabalhadores portugueses em férias de Natal. É mais comprido que de costume - 16 carruagens em vez de 9 - e, mesmo assim, dezenas de passageiros viajam de pé desde o início. Lugares vagos só em 1.ª classe onde os franceses são em maior número. De Bordeus em diante a confusão vai instalar-se. Um empregado cola na janela de uma carruagem de 1.ª classe um papel anunciando que dali para a frente aquela carruagem é de 2.ª classe. Deixou de haver 1.ª. Agora também aqui há malas, caixotes e garrafas de vinho por todo o lado. Caminhar é difícil. A Espanha aproxima-se.

Até Portugal são 27 horas de viagem, durante a qual homens e mulheres, habituados a uma vida dura e de sacrifícios, conversam e reflectem sobre o passado e o presente: O Sr. Almeida Duarte está em França há 19 anos e tem os 3 filhos a trabalhar na Suíça e viaja sozinho com a mulher para voltar à terra onde nasceu. «Vim a salto, com mais dois rapazes da minha idade e foi o irmão do passador que nos arranjou o patrão onde, ainda hoje, estamos a trabalhar.»

Anne-Catherine com 19 anos é a mais nova de 3 irmãos. Nasceu em Paris e sente-se francesa. Estuda Direito e diz que foi um problema convencer o pai a deixá-la estudar em França. «Adoro Portugal e se Portugal fosse um país rico, desenvolvido, gostava de viver nele. Assim, não. Venho cá nas férias, já não é mau. Mas estudar aqui, nunca... Em França tens uma liberdade que aqui não tens.»

Partem aos milhares, no Natal como no Verão, para matar saudades da família e da terra ou para tratar da casa para onde voltam um dia depois da reforma. No fundo, o que é importante para cada um deles é a sua aldeia.

27 horas no «Sud Express», Expresso, 24 de Dezembro Adaptado.

MINHO
PARTIDAS
CHEGADAS

1 **Na rota do vinho verde**

Chamaram-lhe verde porque cresceu numa terra fresca e montanhosa, numa paisagem sempre verdejante. A sua proximidade com o mar e os rios que atravessam esta região, conferem-lhe um clima bastante húmido. Chamam-lhe verde ainda porque é muito fresco, tem uma vida curta e bebe-se novo, um ano depois da colheita. É um vinho leve, seco e com uma agradável efervescência. É cultivado no Noroeste de Portugal, numa região que se estende por todo o Minho, desce ao Douro Litoral e entra levemente em Trás-os-Montes e Beira Litoral.
Diz-nos a história que foram os vinhos verdes os primeiros vinhos portugueses conhecidos nos mercados europeus e consta que em 1295 a Inglaterra pagou, por uma pipa de vinho desta região, três libras.

UNIDADE 10

Bebem este vinho ainda novo.
O vinho verde bebe-se fresco.
Diz-se que foi o primeiro vinho português conhecido na Europa.

Actividade 1

Todos dizem que o preço do pão vai subir.

Em português também se pode dizer isto assim:
Dizem que o preço do pão vai subir. Ou: Diz-se que o preço do pão vai subir.

Continue...

1. Em Portugal, todos falam muito do Mercado Comum.
2. Na Alemanha, todos bebem mais cerveja que vinho.
3. Em Portugal, as pessoas bebem vinho só com a comida.
4. Em Portugal, eles jantam às nove horas da noite.
5. No Norte, eles comem mais do que no Sul.
6. Em Portugal, as pessoas gostam muito de petiscar.
7. O povo chama aos habitantes do Porto «tripeiros».

Actividade 2

Faça o diálogo e na resposta use os pronomes pessoais *me, lhe,* etc.

□ Telefonaste ao Paulo?
■ Sim, telefonei-lhe ontem à tarde.

Continue...

□ Perguntaste ao Paulo se ele quer vir ao restaurante connosco?
■ Sim, ______________________

□ E o que é que ele te disse?
■ ______________________ está sem dinheiro.

□ Tu não deves ao Paulo um dinheiro?
■ Sim, ______________________

□ Disseste ao Paulo que tu pagas para ele o jantar? ■ Sim, ______________________

□ Deste ao Paulo o endereço do restaurante? ■ Sim, ______________________

□ Pediste ao Paulo para estar lá às 8 horas? ■ Sim, ______________________

Actividade 3

Repita o mesmo diálogo, mas no lugar de Paulo use Pedro e Manuel.

Na Serra da Estrela

Litoral Norte

Chuva forte, temperaturas moderadas tanto no Verão como no Inverno.

Interior Norte

Chuva moderada, temperaturas altas no Verão, baixas no Inverno. Neve nas regiões montanhosas.

Sul

Chuva fraca, temperaturas altas no Verão, médias no Inverno.

Produtos agrícolas

- vinho verde
- vinho maduro
- centeio
- trigo
- milh
- arroz
- fruta
- azeit

2

O Minho
é uma província
no Litoral Norte
de Portugal,
onde chove muito.
O Verão e o Inverno
são moderados, e
a paisagem sempre
verde. É uma
região montanhosa
que dá sobretudo
milho, e onde se
produz muito vinho
verde. Tem, além disso,
uma indústria têxtil
que é a mais impor-
tante de Portugal.
No Minho come-se muito
caldo verde e bacalhau
assado na brasa. A
gente é alegre e amiga
de festas e romarias.

Indústrias

ind. naval	lacticínios	sal
calçado	conservas de frutas	siderúrgica
conservas		ind. química
papel	metalurgia	têxteis

Actividade 4 — Onde achas que se pode esquiar em Portugal?

Construa frases e responda a elas com a ajuda do mapa na página 130 e 131.

Onde	se pode cresce se produz se faz se vê se fabrica se encontra se extrai	nadar esquiar fazer surf calçado lacticínios conservas de peixe têxteis azeite trigo sal

Actividade 5 — O Alentejo é uma região que eu adoro!

Num pequeno grupo de 3 pessoas procurem saber quem já esteve em Portugal e em que região. Cada um procura descrever para os seus colegas a região onde esteve (a localização no mapa, o clima, o que comeu, o que viu, como é a gente etc.).
Quem nunca esteve em Portugal consulte os elementos nas páginas 130 e 131 e escolha uma ou duas regiões onde gostava de ir. Explique aos colegas porquê.

Actividade 6

Olhe as fotografias das págs. 129–131. De baixo de que fotos você acha que ficam bem as frases seguintes? Consulte o seu colega.

1. ...fica no cimo de Portugal como os ninhos ficam no cimo das árvores....
   ...
   Vê-se primeiro um mar de pedras.
   ...
   Tudo parado e mudo...
   ...
   Não se vê por que maneira este solo é capaz de dar pão e vinho. Mas dá...
   (Miguel Torga)

2. O vinho é verde, o caldo é verde...
   ...
   «Até as montanhas parecem relvedos!» *(Miguel Torga)*

3. O Alentejo não tem sombra
   Senão a que vem do céu.
   Sente-se aqui menina
   À sombra do meu chapéu *Cantiga de trabalho* (Beira-Baixa)

4. O Algarve, para mim é sempre um dia de férias na pátria.
   Sinto-me livre, aliviado e contente, eu que sou a tristeza
   em pessoa! A brancura dos corpos e das almas, a limpeza das casas
   e das ruas... *(Miguel Torga)*

5. Há rios na Beira? Descem da Estrela.
   Há queijo na Beira? Faz-se na Estrela.
   Há roupa na Beira? Tece-se na Estrela.
   Há vento na Beira? Sopra-o a Estrela. *(Miguel Torga)*

3

Restaurante Gonçalves

2.ª Categoria

Ginjal, 17 • Telef. 275 00 62 • CACILHAS

Preços c/ taxas incluídas | I. V. A. - 8 %

SOPAS

De marisco	130$00
De feijão e hortaliça	100$00
À Alentejana	130$00
	$

SAPATEIRA (kilo) 1.900.00
Lagosta (kilo) 6.000.00

MARISCOS

Amêijoas à Casa	750$00
» à Espanhola	780$00
» ao Natural	700$00

PEIXES

Açorda de marisco	600$00
Bacalhau à Casa	600$00
Linguado grelhado	PV 2500$00
» au meunier	PV 2500$00
» frito	PV 2500$00
Pescada cozida	700$00
» frita	700$00
» à Casa	750$00
Filetes de Pescada c/ arroz-salada	650$00

CARNES

Bife de Vaca à Casa	750$00
» » » grelhado	700$00
» » Porco »	600$00
Entrecote à Bordalesa	800$00
» grelhado	750$00
Vitela assada	650$00
Língua de Vaca	650$00
Escalopes de Porco	600$00

SALADAS

Mista	150$00
Alface	130$00
Tomate	150$00

DOCES

Bolo de Amendoa	170$00
Pudim de Laranja de Fatia	150$00
» » » » » c/ chantilly	200$00
Pudim Flan	120$00
» » c/ chantilly	180$00
Mousse de chocolate	150$00

Actividade 7

Como pode ser preparada a carne?

1. Pode ser assada.
2. ______________________________
3. ______________________________
4. ______________________________

E o peixe? Como pode ser preparado?

1. ______________________________
2. ______________________________
3. ______________________________
4. ______________________________

Actividade 8

Sie hören Erklärungen für verschiedene portugiesische Gerichte. Finden Sie heraus, um welches Gericht es sich jeweils handelt.

Pratos típicos

Trás-os-Montes
Feijoada e vitela assada

*

Minho
Caldo verde
Bacalhau assado na brasa

Douro Litoral
Cozido à portuguesa
Caldeirada de peixe

*

Alentejo
Açorda e gaspacho

Estremadura
Sardinhas assadas

*

Algarve
Amêijoas na cataplana

Actividade 9 Como é feito o frango?

Vocês estão em Portugal, numa pensão familiar a jantar. Durante o jantar a dona da casa pergunta se estão satisfeitos.

□ Os Srs. estão satisfeitos?
■ Oh! Este frango é uma delícia. Como é feito?
□ É muito simples. É refogado na panela com cerveja.
■ Com cerveja?

Continue...

cabrito	assado		forno
vitela	refogado		grelha
arroz	frito	no	brasa
amêijoas	grelhado	na	frigideira
bife	cozido		cataplana
sardinhas			panela

Actividade 10 O que é que vais comer?

Você está no restaurante com um amigo. A ementa é muito variada e você não conhece todos os pratos. Você pergunta ao seu amigo o que é que ele pode recomendar e os dois falam sobre o que gostavam de comer.

4

□ Os senhores já escolheram?
■ Diga-me, como é a pescada à casa?
□ É cozida e acompanhada de batatas e grelos.
■ E este bacalhau assado? Não é muito salgado?
□ Não senhora, porque primeiro é cozido e depois é assado no forno com batatas e regado com azeite e limão. É uma delícia.
■ Então, antes quero o bacalhau.
□ E para o senhor?
○ Costeletas de porco grelhadas e uma salada mista. Para o menino traga meio bife com batatas fritas.
□ Mal passado ou bem passado?
○ Bem passado.
□ E para beber?
○ Um sumol de laranja, meia garrafa de vinho tinto maduro da casa e um quarto de litro de vinho verde branco.

Diga-me, como é a pescada à casa?
Qual é o prato do dia?
O que é que me recomenda como entrada?
Qual é a especialidade da casa?

Actividade 11 Leve-me à estação de Sta. Apolónia!

Peça as mesmas coisas mas de outra maneira.

1. O senhor pode nos levar à estação de Sta. Apolónia?
2. Podes me dar o teu número de telefone?
3. Pode me reservar um quarto para o dia 21?
4. Podem me fazer um preço amigável?
5. Fernando, podes me dizer onde há táxi?
6. Pode trazer o vinho, faz favor?
7. Pode me dar o meu passaporte?
8. Pode me escrever o seu endereço?

Actividade 12 — O pedido

Você está num restaurante e já escolheu o que quer comer.
Chame o empregado e faça o pedido.

Actividade 13 — No restaurante

Um cliente e o empregado. Faça o diálogo.

- □ O cliente pede vinho verde.
- ■ O empregado pergunta qual ele deseja.
- □ O cliente repete admirado que quer vinho verde.
- ■ O empregado explica gentilmente que há 3 espécies de vinho verde (branco, tinto e rosé).
- □ O cliente inseguro pede um conselho.
- ■ O empregado aconselha.
- □ O cliente faz o pedido.

5

- □ Faz favor, traga a conta, sim?
- ■ Os Srs. não querem sobremesa?
- □ Uhm… o que tem?
- ■ Temos pudim flan, pudim molotof, mousse de chocolate e fruta da época.
- □ Um café e um bagaço.
- ○ Tem sorvete de baunilha e chocolate?
- ■ Sorvetes não temos.
- ○ Que pena! Então é só um café.

Nº 14587
3.ª cat.
RESTAURANTE
JÚLIO DAS MIOMBAS
PARQUE MAYER ★ T. 32 02 96 ✶ LISBOA
Lisboa, .../......./.......
Exmo. Sr.

Pão	80$00
Vinho	$
Sopa	$
Manteiga	$
Carne	800$00
Peixe	$
Cerveja	40$00
Refrigerantes	$
Fruta	$
Doce	$
Queijo	$
Café	70$00
Conhaques	$
Marisco	$
Soma	1020$00

T. C. S.
Selo de recibo pago nos termos do Art.º 165.º do R. I. Selo, conforme despacho de 14-3-83.

O que tem como sobremesa?
Tem sorvete?

Traga a conta, faz favor!

Temos...
Sorvete não temos.

Actividade 14 Uma reclamação

O que é que você diz neste caso?

1. Pediu uma coisa e o empregado trouxe outra.
2. A conta está errada.
3. Na mesa faltam talheres.
4. O vinho não está na temperatura ideal.
5. O bife não está como você pediu.

6

Actividade 15

Imagine o diálogo entre este casal quando viram os preços.

Actividade 16

Complete este texto.

□ Porque não vamos jantar fora? Telefona _______ teu irmão e pergunta _______ se ele conhece um restaurante de comida regional aqui perto.
■ Primeiro, tenho que pedir _______ Sónia para ficar com as crianças. Sabes quanto se paga _______ um baby-sitter?
□ Não. Mas pergunta _______ teus pais se não querem fazer isso. Nós também fazemos tantos favores _______ eles.
■ Já _______ perguntei, mas hoje eles vão sair.
□ Então telefona _______ Sónia e diz _______ que saímos às oito e meia.

Actividade 17

Desculpe, repita a frase!

Faça esta actividade primeiro com um colega que você trata por tu.
Fala mais alto, faz favor!

Continue...

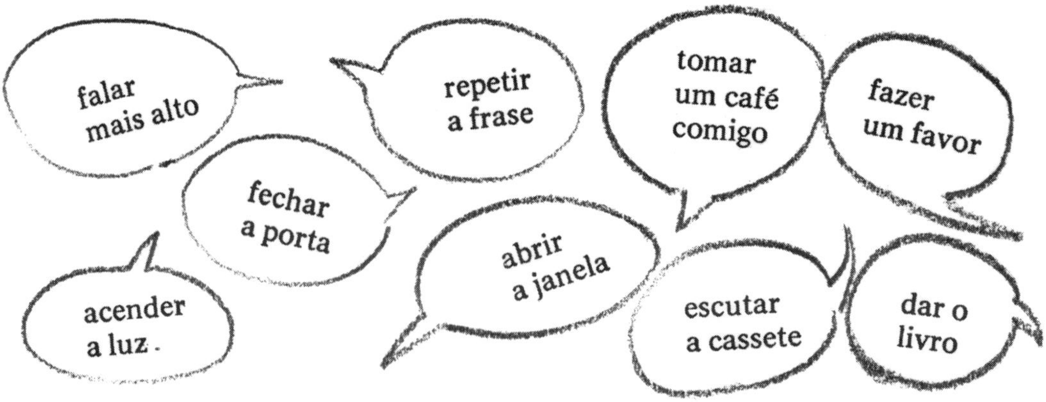

Faça a mesma actividade com outro colega, mas trate-o por você.

Actividade 18 Compreensão de leitura

Leia o texto seguinte. Com dois colegas troquem informações sobre o que entenderam.

1

O «Papa Açorda»

Todas as grandes culturas mundiais nasceram à base de um cereal: o trigo na Europa e no Próximo-Oriente, o milho nas Américas, o arroz no Extremo-Oriente. Há dez mil anos que o homem come pão e com o pão surgiu a açorda. Açorda, em português, tem vários nomes. Aqui é açorda, além chama-se migas, mas também pode ser papas, e o dicionário diz que açorda é uma espécie de sopa de pão. Comida à base de pão é dos povos mais simples, e os grandes livros de cozinha quase nem falam de açordas. Açorda é, na sua simplicidade básica, pão, azeite e alho com um pouco de água a ferver.

Mas a isto pode-se acrescentar um pouco de tudo: camarões, lagosta, toda a espécie de mariscos e assim se cria um prato muito refinado. Devemos aos árabes esta saborosa papa, agora um prato finíssimo em Lisboa, desde que foi inaugurado o restaurante «Papa Açorda» em pleno Bairro Alto. Açorda hoje é, para a maioria dos consumidores, a de marisco com o seu ovo esfarrapado mesmo em frente do cliente. Lá está ela na ementa e a um preço puxado. A cozinha portuguesa não é um óptimo exemplo de como se faz de um prato pobre um manjar de reis?

Adaptado da «Grande Reportagem»

Actividade 19

Leia mais uma vez.
Em grupo responda às seguintes perguntas:

1. O que é que as grandes culturas mundiais têm em comum?
2. O que é a açorda?
3. A açorda é conhecida em todo Portugal?
4. A açorda é um prato refinado?
5. Como chegou a açorda a Portugal?
6. Como é a açorda do restaurante lisboeta «Papa Açorda»?

Actividade 20 A delícia do prato pobre

«Fazer de um prato pobre um manjar de reis» é uma arte bem portuguesa.
Pode-se dizer isto também do seu país?
Dê um ou vários exemplos.

Actividade 21 Que restaurante?

1. Você vai às vezes ao restaurante? Em que ocasião?
2. Que tipo de restaurante prefere: alemão, estrangeiro, ...?
3. O que acha importante num restaurante? (o ambiente, o serviço, o tipo de comida...)

TENHO UMA JANELA

T2

Tenho uma janela
que dá para o mar
barcos a sair
barcos a entrar
tenho uma janela
que dá para o mar
sonhos a partir
sonhos a chegar
tenho uma janela
que dá para o mar
um fio de fumo
uma sombra além
uma história antiga
um cantar de vela
um azul de mar
tenho uma janela
que dá para o mar
tenho uma janela
que seria bela
seria mais bela
que qualquer janela
janela fosse ela
de Lua ou de estrela
ou qualquer janela
de qualquer escola
se não fosse aquele
pescador já velho
que anda pela praia
a pedir esmola
barcos a sair
barcos a entrar
chego-me à janela
e não vejo o mar.

Mário Castrim,
Colóquio, Plátano Editora

1 É mesmo assim?

- □ Sabes o que acabei de ver? No tanque da Guidinha está um alemão a lavar roupa!
- ■ E aposto que à volta dele já está uma multidão a olhar e a rir-se.
- □ Claro, tu já o viste?
- ■ Não, mas conheço-o. É o marido da Fátima. Ela veio cá ter a criança e ele ajuda-a em tudo.
- □ Mas ele é muito engraçado! Não é? Diz-me lá, tu que estiveste na Alemanha: os alemães são todos assim?
- ■ Nem todos. Mas isto lá é natural, quando as mulheres trabalham fora de casa.

Aposto que Queres ver que Vais ver que	está um alemão a lavar roupa. já está uma multidão à volta dele.

Actividade 1 É mesmo assim?

Como é a divisão de trabalho na sua casa?

É mesmo assim, que a mulher tem que:
fazer limpeza?
fazer compras?
cozinhar?
tratar das crianças?
tratar da casa?

E o homem tem que:

tratar das coisas
técnicas?
económicas?
e mais complicadas?

Discuta num grupo sobre isto.
Se tem amigos portugueses, como é a divisão do trabalho em casa deles?

Anedotas

Dois brasileiros assistem a um concerto:

□ Aposto que o pianista é português!
■ Como sabes?
□ Porque em vez de puxar o banco puxou o piano...

Três amigos estão sentados à mesa de um café (dois portugueses e um brasileiro):
□ Vocês já sabem a última anedota sobre os brasileiros?
■ Cuidado hem! Eu sou brasileiro!
○ Não faz mal pá, a gente repete.

Actividade 2 Acabei de chamar

Procure várias respostas para cada pergunta.

□ Já chamou o táxi?
■ Vem já. Acabei de chamar. / Sim, acabei de telefonar, mas não há táxis livres. / Acabei de chamar, mas ninguém responde. / Vem já. O meu colega acabou de chamar.

Continue...

Tens notícias da Maria?

O Sr. Doutor está?

Onde estão as crianças?

Os Srs. consegui-
ram bilhetes
para o avião?

Actividade 3 — Aposto que eles não se conhecem

Olhe o seguinte desenho. Como continua a história? Apresente hipóteses usando expressões como *aposto que, vais ver que, queres ver que.*

Actividade 4

Procure a resposta certa.

1. Como achaste o restaurante?
2. Conheces o Rainer?
3. Faz favor, faltam talheres.
4. Eles partem amanhã. Quem os leva à estação?
5. Onde está a ementa?
6. Onde compraste as lulas?
7. Onde encontraste a Leonor?

Comprei-as no mercado.
Eu levo-os.
Vi-a no concerto.
Já a trago.
Sim. Conheci-o no ano passado.
Achei-o caro.
Já os trago.

Actividade 5 A Fernanda? Sim, conheço-a muito bem.

Use nas respostas os pronomes pessoais *a, o, os, as.*

□ Conheces a Fernanda?
■ Sim, conheço-a muito bem.

Continue...

1.	Conheces a Fernanda?	(sim)
2.	Você convidou os Almeidas para jantar?	(sim)
3.	O Jorge reservou o nosso quarto?	(sim)
4.	Visitaste ontem a Igreja do Carmo?	(sim)
5.	Fazes os bolinhos hoje?	(não)
6.	Viste o Álvaro?	(não)
7.	Ela ajuda o irmão a fazer compras?	(não)
8.	Entendes as raparigas, quando elas falam depressa?	(não)
9.	Você escreveu a carta em português ou alemão?	(em alemão)
10.	A que horas levaste as crianças para a escola?	(9 horas)
11.	Quando é que o Sr. alugou o apartamento?	(em Agosto)
12.	Como achaste a nossa avó?	(melhor)
13.	Onde comprou os morangos?	(na praça)
14.	Onde encontraste as tuas colegas?	(na rua)

Actividade 6 Compra-o ou deixa-o?

Nas respostas use os pronomes pessoais *o, a, os, as, lhe, lhes.*

Você vê numa livraria um livro muito discutido. O que faz?

□ Compro-o.
■ Dou-o de presente a um amigo.
○ Vejo-o e deixo-o.
△ Escrevo o nome do autor e leio-o na biblioteca.

Continue...

Você vê numa vitrina um disco da Amália Rodrigues. O que faz?

Encontra na rua uma velha amiga, que não vê há muitos anos. O que faz?

Você recebe um postal de um casal amigo, que o/a convida para passar um fim de semana com eles. O que faz?

2

□ Olá pá, há quanto tempo que eu não te vejo!

■ Sabes lá da minha vida?! Imagina que desde que o meu cunhado chegou, tenho que ajudar na cozinha...

□ O quê?

■ É verdade, pá. Ontem cheguei a casa, a minha mulher estava na cozinha a fazer o jantar com a irmã, e eu sentei-me com o Rainer cá fora a tomar uma cerveja. De repente, ele levanta-se e diz: «Vamos lá pra cozinha ajudá-las a descascar batatas...». Pôs-me uma faca na mão ... e pronto. Já viste isto, pá?

□ Ah! Ah! Ah! Ainda tens muito que aprender! Olha, ontem eu vi-o à porta da tua casa a fazer um pulôver com a tua filha mais velha...

Sabes lá da minha vida!

Imagina que tenho que ajudar na cozinha!

O que foi?
O que é que aconteceu?

O quê?
É verdade?

Actividade 7 O que estão a fazer?

Actividade 8 O que estava a fazer, quando..?

Olhe os desenhos da actividade 7. Faça esta actividade no passado.

☐ Quando cheguei a casa, a Maria estava a lavar a roupa.

Continue...

Actividade 9 Rollenspiele

1. **A** ist eine berufstätige Frau und beklagt sich bei **B,** ihrer Freundin, daß sie im Haushalt alles allein erledigen muß.

   B ist auch berufstätig. Sie versucht **A** zu trösten und erzählt, wie sie eine gerechte Arbeitsaufteilung erreicht hat.

2. **A** ist Vater von 2 Kindern. Er befindet sich mit seinem Freund **B** in einer Kneipe und erzählt, wie stressig sein Leben geworden ist, seit seine Frau arbeitet. Er ist dagegen, daß eine Frau mit Kindern arbeitet.

   B ist Freund und Arbeitskollege von **A**. Er ist auch verheiratet und hat ein Kind. Er zeigt Verständnis für die Situation seines Freundes, ist aber entschieden für die Berufstätigkeit der Frau.

3. **A** ist eine verheiratete Frau mit Kind, die gerne arbeiten möchte und versucht **B**, einen Bekannten, zu überzeugen, warum das so wichtig für sie ist.

   B der Bekannte von **A**, verheiratet und Vater von 2 Kindern, akzeptiert die Argumente von **A**. Er teilt ihr aber die Schwierigkeiten mit, die die Berufstätigkeit der Frau mit sich bringt.

Actividade 10

Em vez do nome, use o pronome pessoal.

Ex.: Já posso chamar o táxi? Já posso chamá-lo?

1. Quando se pode visitar o museu?
2. Eles não vão achar o caminho.
3. Sr. Costa, eu posso levar o Sr. até lá.
4. Vocês querem provar as uvas?
5. Pode reservar os bilhetes até às 9?
6. Quando posso ver a casa?
7. Já pode trazer a conta.
8. A Sra. quer fazer a excursão connosco?
9. Vamos ver os nossos amigos hoje?
10. Muito prazer em conhecer a senhora.
11. Onde posso pôr as malas?
12. Desculpe, não ouço nada, tenho que interromper a chamada.

Actividade 11

Complete.

Ao telefone.

Júlio: Está lá? Bom dia.

Maria: Queria ______ perguntar uma coisa. O Sr. ...

Júlio: Desculpe interromper ______ mas a ligação está péssima.
Não consigo ouvir ______. A senhora pode ______ dar o seu número de telefone, eu telefono ______ já.

Maria: Com certeza!

Amélia fala com a dona do quarto.

Amélia: Onde posso dar a minha roupa para lavar?

Rosa: Nós podemos lavar ______ aqui na pensão.
Ou, se quiser, pode dar ______ para lavar na lavandaria.

Amélia: Quanto custa lavar aqui na pensão?

3

- □ Onde é que tu andas, que a gente nunca te encontra, quando precisa de ti?
- ■ É assim tão difícil falar comigo? Eu venho todos os dias para casa.
- □ Às 3 da manhã...
- ■ E daí? Eu estou de férias ou não estou?
- □ De férias estás tu todo o ano. Eu só te vejo entrando, saindo, vendo televisão, jogando à bola, namorando...
- ■ E o que é que o pai fazia, quando era da minha idade?
- □ Na tua idade eu já trabalhava. E sabes como eu passava as minhas férias? Na oficina, a ajudar o teu avô.
- ■ Já entendi. Quando é que o pai precisa de mim?
- □ Amanhã de tarde.
- ■ Pai, amanhã é impossível. Vou a Elvas ver o Benfica jogar.
- ■ E desde quando é que o Benfica-Elvas é um jogo importante?
- ■ Claro que é!

Onde é que	andas? anda a Clara?
E o pai o que fazia na minha idade?	

É assim tão difícil	encontrar-me? encontrá-la?
Eu já trabalhava...	

Actividade 12 Como se passava o tempo?

Como é que o Zé António passava o tempo quando tinha 17 anos? Procure uma frase para cada desenho.

UNIDADE 11

E agora procure saber o que é que o seu colega fazia com 17 anos.
As suas perguntas só podem ser respondidas com *sim* ou *não.*

□ Tu dançavas muito, quando tinhas 17 anos? *ou*:
Você dançava muito...?

Actividade 13 Condições de trabalho

Como eram as condições de trabalho no século passado?
Procure contar como era, com a ajuda das frases seguintes.

Trabalhar 6 dias por semana.
Trabalhar mais que 8 horas por dia.
Ganhar muito menos que hoje.
Não ter seguro social.
Não ter férias pagas.

Actividade 14 As nossas avós – ontem e hoje

	Dantes	Hoje
Como é que as nossas avós lavavam roupa?	...	...
Qual era o seu papel na cozinha?	...	...
Como passavam a noite depois do jantar?	...	...
Trabalhavam fora?	...	...
Faziam férias?	...	...
Como viajavam?	...	...
Qual era o seu papel como avó?	...	...

Actividade 15 Compreensão auditiva

Ouça uma vez a seguinte entrevista.

Discuta em grupo: Onde se passa esta entrevista?
Quem fala e sobre o que fala?

T1

Fala o fadista Armando Santos

«O fado antigamente era cantado na taberna e na rua. Quando havia noites de calor a gente cantava na rua. A primeira vez que eu cantei foi na rua do Castelo Picão. Juntavam-se as pessoas, começava-se a tocar e as pessoas cantavam. Hoje também as pessoas, que não querem ir às casas comerciais porque são muito caras, juntam-se em tabernas, sociedades e restaurantes. Depois do jantar cantam um fado e a coisa torna-se mais ligeira. As casas comerciais chamam a este fado, «vadio»! Mas não tem nada de vadio: é o fado amador. O fado comercial foi justamente a transposição das tabernas e das ruas para essas casas. Houve pessoas espertas que arranjaram essas casas e começaram a vender uísques. Mas o fado não era com uísque, era mesmo com vinho; e ainda é, não há dúvida nenhuma.

Outra coisa. Hoje dizem que o fado é fascista. O fado nunca foi fascista. A maior parte das letras que se cantavam nas tabernas eram letras de contraste. Era o rico e o pobre, era sempre o rico e o pobre e tinham sempre um fundo moral. Por exemplo, «O Médico e a Duquesa»...

Eram todas letras objectivas. E as pessoas tinham de andar escondidas a cantar nas tabernas e tudo. Porque era proibido. Depois é que apareceu este fado comercial e eles começaram a dar autorização ao fado...
Quando antes do 25 de Abril, no tempo do fascismo, o turismo começou a interessar, então o fado começou a transformar-se. Quer dizer, era o beijinho nos olhos, nos ouvidos, «eu amo-te», «e deixaste-me», «e sinto ciúme». E então é que as pessoas começaram a gostar de ouvir isso. Isso não me diz nada. É sempre a mesma coisa: Pois é. Eles não deixavam escrever doutra maneira.»

De: «O Trágico e o Contraste»

Actividade 16

Ouça mais uma vez a primeira parte e diga se as frases são certas ou erradas.

	certo	errado
1. Antigamente o fado era cantado só na taberna.	□	□
2. O fado chama-se amador quando as pessoas se juntam numa sociedade, num restaurante ou numa taberna e um cantor «não profissional» começa a cantar.	□	□
3. As casas comerciais chamam ao fado amador «fado vadio».	□	□
4. O fado comercial não tem nada de comum com o fado amador.	□	□

Actividade 17

Ouça a segunda parte.
Marque com uma cruz a frase ou as frases certas.

Letras de contraste são:

□ cartas de amor.
□ textos que falam de pessoas de condição social bem diferente.
□ textos que contêm uma lição moral.

O fado

□ nunca foi proibido.
□ é fascista.
□ só fala de problemas sociais.

Armando Santos

□ diz que o fado teve que mudar de letra no tempo do fascismo.
□ gosta do fado que fala de «beijinhos nos olhos e nos ouvidos».
□ diz que o público sempre gostou desse tipo de fado.

Actividade 18 Como é no seu país?

1. Há uma música típica de todo o país? De uma região? De porto de mar? De certas actividades?
2. Que tipo de música gosta de ouvir?
3. Você pessoalmente gosta de cantar? Quando canta? E o que canta?

Por Alfama à procura do fado

T2

Partimos para Alfama com algumas perguntas. Onde está o fado em Alfama? Para nossa surpresa, as primeiras respostas foram negativas.

...

«Bem, há as casas de fado. Como no Bairro Alto. Mas fado não profissional? Isso acabou» ou como dizia o Sérgio: «Fado era no tempo da «meia porta».»

...

Mas... a ideia que nos ficava era de ir procurar o que existe de facto nos dias de hoje relacionado com o fado. E porque em Alfama?

Não se sabe ao certo mas parece que a origem do fado está associada a dois factos que marcaram Alfama no século XVIII: foi aqui que os negros ficaram a viver depois da abolição da escravatura e foi este um dos bairros reservados à prostituição.

Tal como dantes, a vida em Alfama ainda hoje é marcada pela actividade marítima e portuária. É um bairro cheio de trabalhadores do porto, despachantes e funcionários de agências de navegação. E à sua disposição há toda uma rede de tascas, cafés, restaurantes e comércio variado.

A maior parte da gente de Alfama não é de lá. Veio da província e do campo, até da Galiza, em busca de melhores condições de vida. E para arranjar casa, trabalho no porto, enfim sobreviver no dia-a-dia, esta gente precisa de ter parentes no bairro, ter relações, frequentar as tabernas e o fado. Criou-se assim um espírito fortemente associativo, que ainda hoje caracteriza Alfama. Por toda a parte há clubes recreativos – as sociedades – onde os homens se reunem para comer, beber, jogar cartas, ouvir o fado e fazer desporto. Foi sobretudo nestas sociedades, que encontrámos o **fado amador.** Afinal ele está vivo! Ouve-se também ainda numa ou noutra tasca... E quanto mais conversamos mais descobrimos que «em Alfama toda a gente cantou, canta e quer continuar a cantar o fado».

Adaptado de:
A. F. da Costa
M. D. Guerreiro
«O fado no bairro de Alfama», em:
O Trágico e o Contraste

UNIDADE 11

T3 **Tudo isto é fado**
Aníbal Nazaré-F. Carvalho

Perguntaste-me outro dia
se eu sabia o que era o fado
eu disse que não sabia
tu ficaste admirado
Sem saber o que dizia
eu menti naquela hora
e disse que não sabia
mas vou-to dizer agora

Almas vencidas
noites perdidas
sombras bizarras
na mouraria
canta um rufia
choram guitarras
amor ciúme
cinzas e lume
dor e pecado
tudo isto existe
tudo isto é triste
tudo isto é fado

Se queres ser o meu senhor
e teres-me sempre ao teu lado
não me fales só de amor
fala-me também do fado
Que o fado que é meu castigo
só nasceu pra me perder
o fado é tudo o que eu digo
mais o que eu não sei dizer.

Anhang

Grammatik
Grammatiktabellen
Lektionswortschatz
Alphabetischer Wortschatz

UNIDADE 1

1. Die Verben *chamar-se, ser, estar* – Präsens Singular

chamar-se				
Aussagesatz/Intonationsfrage				Fragesatz
(Eu)	chamo	-me	Paula.	
(Tu)	chamas	-te	João?	Como **te** chamas?
(Ele)	chama	-se	Manuel.	
(Ela)			Ada.	Como **se** chama ela?
O senhor			Paulo Nunes.	Como **se** chama o senhor?
A senhora			Clara Nunes.	Como **se** chama a senhora?

Im Aussagesatz und in der Intonationsfrage kommen *me, te, se* nach dem Verb: *Chamo-**me** Paula.*

Im Fragesatz stehen diese Pronomina davor: *Como **te** chamas?*

ser		
(Eu)	**sou**	a Ana.
(Tu)	**és**	o Roberto?
(Ele)	**é**	o Paulo.
(Ela)		a Sónia.
O senhor		o Sr. Garcia?
A senhora		a Sra. D. Clara?

estar		
(Eu)	**estou**	bem.
Como	**estás?**	
Ele	**está**	mais ou menos.
Ela		mal.

Das Verb wird meistens ohne Personalpronomen *(eu, tu, ele* usw.) gebraucht, z. B.: *Sou a Graça.*

Die Verwendung von *eu, tu, ele, …* dient in der Regel der Hervorhebung der Person, z. B.: ***Eu** chamo-me Paula e **tu**?*

2. Das Substantiv und der bestimmte Artikel – Singular

Im Portugiesischen gibt es nur zwei grammatische Geschlechter:

Maskulinum	**Femininum**
o senhor **o** menino	**a** senhora **a** menina

Substantive, die auf -**a** enden, sind meistens weiblich.
Substantive, die auf -**o** enden, sind meistens männlich.

Abweichend vom Deutschen steht bei Personennamen meist der bestimmte Artikel.

Quem é	**o**	Sr. Silva?	Wer ist		Herr Silva?
Esta é	**a**	Sónia?	Ist das		Fräulein Sonja?
Eu sou	**a**	Sílvia.	Ich bin		Sílvia.

3. Die höfliche Anrede

Como está? Como está | o senhor? / a senhora? / a menina?	Wie geht es Ihnen?
Como está, Sílvia?	Sílvia, wie geht es Ihnen?

In der höflichen Anrede einer Einzelperson wird das Verb in der dritten Person Singular verwendet.

Oft fügt man dem Verb, als Ausdruck besonderer Höflichkeit, die Bezeichnungen *o senhor, a senhora, a menina* hinzu.

Möglich ist die höfliche Anrede mit dem Vornamen. Sie ist nicht so formell wie die Anrede mit *o senhor, a senhora, a menina.*

Höfliche Anrede ohne Artikel	Höfliche Anrede mit Artikel (in der Rückfrage)	
Bom dia, minha senhora. Como está, Sra. D. Paula? Sr. Silva, como vai? Olá Paulo, como está?	Bem e **a** senhora? Óptimo e **a** menina? Bem e **o** Jorge?	...und Ihnen? ...und Ihnen? ...und Ihnen?

O senhor Silva (= o Sr. Silva): Männer werden mit *senhor* und Familiennamen angeredet.
A senhora D. Paula = (a Sra. D. Paula): Frauen werden mit *senhora Dona* und Vornamen angeredet.

4. Das Demonstrativpronomen – *este/esta (I)*

Maskulinum	Singular Femininum
Quem é **este?** **Este** é o Paulo.	Quem **é esta?** **Esta** é a Clara.

Este/esta verweisen auf Sachen/Personen in unmittelbarer Nähe des Sprechers.

5. Die Verneinung

O senhor é o Sr. Garcia? A menina é a Sónia?	**Não.** Não. **Não** sou.

Não hat zwei Bedeutungen:
1. nein
2. nicht: in diesem Fall steht *não* unmittelbar vor dem konjugierten Verb, z. B.: *Não sou a Sónia. Ele não é o Cláudio.*

6. Das Verb *ir* – Präsens Singular

	ir	
Eu	**vou**	mais ou menos.
E tu Paulo, como	**vais?**	
Bom dia Sr. Nunes,	**vai**	bem?
E a menina, como	**vai**	ela?

UNIDADE 2

7. Örtliche Beziehungen: *de, em*

1.	João é	**de**	Lisboa.	**1.**	João está	**em**	Lisboa.
	Ana é	**de**	Beja.		Ana está	**em**	Beja.
2.	João é	**do**	Porto.	**2.**	João trabalha	**no**	Porto.
	Ana é	**da**	Régua.		João mora	**na**	Régua.

Die Präposition *de* drückt aus, woher jemand/etwas ist.
Die Präposition *em* gibt an, wo sich jemand/etwas befindet.

1. Bei Städte- und Ortsnamen steht normalerweise kein Artikel.

2. In den Ausnahmefällen, in denen ein Ortsnamen mit Artikel gebraucht wird *(o Porto, a Régua),* ergeben sich folgende Verbindungen:

de + Artikel	em + Artikel
de + o = **do**	em + o = **no**
de + a = **da**	em + a = **na**

8. Verben auf *-ar* – Präsens Singular

	morar		trabalhar	
(Eu)	mor**o**	em Beja.	Trabalh**o**	no Banco.
(Tu)	mor**as**	aqui?	Trabalh**as**	em Lisboa?
(Ele, ela) O Sr./a Sra. Você	mor**a**	no Porto.	Trabalh**a**	como professor.

Você ist eine zusätzliche Anredeform für „Sie", außer den bereits bekannten Höflichkeitsformen *o Sr./a Sra.* .
Você ist aber nicht so förmlich wie *o Sr./a Sra.* und nicht so vertraut wie *tu.*

9. Das Verb *fazer* – Präsens Singular

(Eu)		**faço**	o café.
Mário,	o que	**fazes**	aqui?
(Ele, ela) O Sr./a Sra., Você,	o que	**faz**	no Porto?

10. Fragen mit Fragewort

Quem	fala português?	Quem	é que	fala português?
O que	fazes aqui?	O que	é que	fazes aqui?
Como	está a Joana?	Como	é que	está a Joana?
Onde	trabalha?	Onde	é que	trabalha?
Donde	é o Mário?	Donde	é que	é o Mário?
Porque	aprendes inglês?	Porque	é que	aprendes inglês?

Die durch ein Fragewort eingeleitete Frage wird, vor allem in der Umgangssprache, oft durch den Zusatz *é que* verstärkt.

Beachten Sie:
Porque hat zwei Bedeutungen: *warum* und *weil.*
- *Porque* aprende inglês?
- *Porquê? Porque* trabalho em Londres.

Porque bekommt einen Akzent, wenn das Wort allein oder am Ende eines Satzes steht.

11. *Estar a* + Infinitiv

Estou a falar	com ela.	Ich spreche gerade mit ihr.
Estás a aprender	português?	Lernst du (zur Zeit)...?
Está a trabalhar	como professor.	Er arbeitet (zur Zeit)...

Mit der Konstruktion *estar a + Infinitiv* kann im Portugiesischen präzisiert werden, ob eine Handlung gerade, bzw. zur Zeit stattfindet. Im Deutschen gibt es dafür keine direkte Entsprechung.

Hinweis: Das Brasilianische bevorzugt die Form: *estou falando; está aprendendo; está trabalhando.*

12. Adjektive – Singular

	Maskulinum			Femininum		
1.	O Paulo	é	brasileir**o.**	A Manuela	é	brasileir**a.**
	O Franco	é	italian**o.**	A Carla	é	italian**a.**
	O John	é	american**o.**	A Rosy	é	american**a.**
	O Pierre	é	suíç**o.**	A Marianne	é	suíç**a.**
2.	O Pablo	é	espanh**ol.**	A Rosário	é	espanh**ola.**
	O António	é	portugu**ês.**	A Inês	é	portugu**esa.**
	O Marc	é	franc**ês.**	A Juliette	é	franc**esa.**
	O John	é	ingl**ês.**	A Elisabeth	é	ingl**esa.**

Nationalitätsbezeichnungen sind im Portugiesischen Adjektive. Das Adjektiv richtet sich in Geschlecht und Zahl nach dem Substantiv, auf das es sich bezieht.

1. Adjektive, die auf **-o** enden, bilden die weibliche Form auf **-a.**
2. Adjektiven, die auf **-ês, -ol** (in dieser Lektion behandelt), **-or** oder **-uz** enden, wird für die weibliche Form ein **-a** angehängt. Bei der weiblichen Form der Adjektive auf **-ês** entfällt der Akzent *(francês/francesa).*

Beachten Sie:

O Klaus é *alemão.*	O Klaus é um **bom** professor.
A Monika é alemã.	A Monika é uma **boa** professora.

UNIDADE 3

13. Verben auf *-ar, -er, -ir* – Präsens

	tomar		**beber**		**preferir**	
Eu	tom**o**	um café.	Beb**o**	uma coca.	Prefir**o**	água.
Tu	tom**as**	uma bica?	Beb**es**	um café	Prefer**es**	chá?
Ele/ela Você	tom**a**	uma cerveja?	Beb**e**	um chá?	Prefer**e**	martini?
Nós	tom**amos**	um leite.	Beb**emos**	uma bica.	Prefer**imos**	café.
(Vós)	(tom**ais**)		(Beb**eis**)		(Prefer**is**)	
Eles/ Elas Vocês	tom**am**	um chá.	Beb**em**	uma água.	Prefer**em**	leite.

Die Anredeform mit *vós* ist veraltet.
Anstelle von *vós* wird in der Umgangssprache die Form *vocês* verwendet. Mit *vocês* werden mehrere Personen angesprochen, es ist sowohl Plural von *você* als auch von *tu.*
Für den Gebrauch von *vocês* gilt die unter Punkt 8 formulierte Regel.

14. Die Präposition *a* mit dem bestimmten Artikel

	ao	cinema.	
Vamos	**ao**	teatro.	**a + o = ao**
	ao	restaurante.	
Vamos	**a**	Lisboa.	**a**
	à	discoteca.	**a + a = à**

15. Der unbestimmte Artikel

Maskulinum				Femininum		
Eu	tomo **um**	café.		Bebe	**uma**	cerveja?
Para	mim **um**	garoto.		Tenho	**uma**	sede...
Eu	bebo **um**	copo de leite.		O João prefere	**uma**	água mineral.

16. Die Grundzahlen (I)

0	zero						
1	um, uma	6	seis	11	onze	16	dezasseis
2	dois, duas	7	sete	12	doze	17	dezassete
3	três	8	oito	13	treze	18	dezoito
4	quatro	9	nove	14	catorze	19	dezanove
5	cinco	10	dez	15	quinze	20	vinte

21	vinte e um	26	vinte e seis	31	trinta e um...	80	oitenta
22	vinte e dois	27	vinte e sete	40	quarenta	90	noventa
23	vinte e três	28	vinte e oito	50	cinquenta		
24	vinte e quatro	29	vinte e nove	60	sessenta		
25	vinte e cinco	30	trinta	70	setenta		

Die Grundzahlen sind maskulin.
Um und *dois* können auch feminin sein:

um café **dois** cafés	**uma** bica **duas** bicas

Hinweis: Die Zahl 14 wird in Brasilien *quatorze* geschrieben.

17. Das Substantiv: Singular und Plural (I)

Singular	Plural
um bagaç**o** um caf**é** um corresponden**te** um ch**á**	dois bagaç**os** dois caf**és** dois correspondent**es** dois ch**ás**
uma águ**a** uma cervej**a** uma alem**ã**	duas águ**as** duas cervej**as** duas alem**ãs**

Im allgemeinen bilden maskuline und feminine Substantive den Plural mit **-s.**

um senho**r** um portugu**ês** um franc**ês**	dois senho**res** dois portugue**ses** dois france**ses**

Substantive, die auf **-r, -s, -z** enden, bilden den Plural mit **-es** (siehe Tab. 6, S. 200). Substantive, die auf **-ês** enden, bilden den Plural mit **-eses,** genau so wie die entsprechenden Adjektive (siehe Ziffer 12).

18. Der bestimmte Artikel – Plural

	Singular	Plural
Maskulinum	**o** estrangeiro	**os** estrangeiros
Femininum	**a** bebida	**as** bebidas

19. Die Grundzahlen (II)

100	cem	600	seiscentos, seiscentas
101	cento e um	700	setecentos, setecentas
102	cento e dois,...	800	oitocentos, oitocentas
200	duzentos, duzentas	900	novecentos, novecentas
300	trezentos, trezentas		
400	quatrocentos, quatrocentas	1000	mil
500	quinhentos, quinhentas	3000	três mil

20. Die Verben *ser* und *ter* – Präsens

	ser			ter	
	Sou	alemã.		**Tenho**	fome.
	És	técnico?		**Tens**	sede?
Quanto	**é**	um bolo?		**Tem**	torradas?
	Somos	estrangeiros.		**Temos**	bebidas frescas.
(Vós)	**(sois)**			**(Tendes)**	
Duas bicas	**são**	95$00.	O que	**têm**	para comer?

UNIDADE 4

ficar = befinden

21. Die Verben *poder* und *querer* – Präsens

poder (können)			querer	
Pos**so**	telefonar?		Quer**o**	falar com o João.
Pod**es**	ficar aqui.	Onde	quer**es**	ir?
Pod**e**	chamar um taxi?		**Quer**	leite quente?
Pod**emos**	falar com o João?		Quer**emos**	ficar mais 3 dias.
(Pod**eis**)			(Quer**eis**)	
Pod**em**	já comer.	O que	quer**em**?	Apartamento ou casa?

22. Die Uhrzeit

Pode tomar o pequeno almoço	**às 7 horas.**	um
Vamos ao cinema	**às 9 horas.**	um
O pequeno almoço é	**das 7 às 10 horas.**	von... bis

Que horas são?	1.00	**É uma hora.**	9.00	**São**	**nove horas.**
	13.00		9.10		nove **e** dez.
	12.00	**meio-dia.**	9.15		nove **e um quarto.**
	24.00	**meia-noite.**	9.30		nove **e meia.**
	12.30	**meio-dia e meia.**	9.40		dez **menos** vinte.
	24.30	**meia-noite e meia.**	9.45		dez **menos um quarto.**

Um die Minuten ab 40 auszudrücken, wie z. B. 9.40 Uhr stehen zwei Möglichkeiten zur Verfügung: *são dez menos vinte* oder: *(faltam) vinte para as dez.*
In Brasilien verwendet man nur die zweite Möglichkeit.

A que horas começa a trabalhar?	**à**	uma hora	1.00	**às** oito horas	8.00
	ao	meio-dia	12.00	**às** sete e um quarto	7.15
	à	meia-noite	24.00	**às** nove e meia	9.30

23. Die Präposition *de* mit dem bestimmten Artikel

Qual é o indicativo	**de**	Lübeck?	**de**
Qual é o número	**do**	hotel?	**de + o = do**
Qual é o número	**da**	Mariana?	**de + a = da**
Onde estão as chaves	**dos**	quartos?	**de + os = dos**
Qual é o quarto	**das**	crianças?	**de + as = das**

Siehe auch § 7.

24. Ländernamen mit den Präpositionen *para, em, de*

Uma chamada	**para o**	Brasil.
O João está	**no**	Brasil.
Qual é o indicativo	**do**	Brasil?
Uma chamada	**para a**	França.
A Ana está	**na**	França.
Qual é o indicativo	**da**	França?
Uma chamada	**para**	Portugal.
A Inês está	**em**	Portugal.
Qual é o indicativo	**de**	Portugal?

Ländernamen werden mit dem Artikel gebraucht und können maskulin oder feminin sein. Ländernamen, die auf **-a** enden, sind weiblich.
Ausnahme z. B. *o Canadá.*

Sehr wenige Ländernamen werden *ausnahmsweise* ohne Artikel verwendet, z. B. Portugal, Marrocos, Israel, Angola, Moçambique, Cabo Verde, São Tomé e Príncipe, Macau, Timor.

25. Die Präpositionen *em* mit dem bestimmten Artikel

Onde posso telefonar?	**No**	correio.	**em + o = no**
Onde está o António?	**Na**	pensão.	**em + a = na**
Onde estão as chaves?	**Nos**	quartos.	**em + os = nos**
Há televisão	**nas**	salas?	**em + as = nas**

Siehe auch § 7.

26. Adjektive – Plural

Singular	**Plural**
Tem um quarto dupl**o**?	Tem quartos dupl**os**?
Tenho uma sala bonit**a**.	Tenho salas bonit**as**.
O João está content**e**.	Eles estão content**es**.
A sala é grand**e**.	As salas são grand**es**.

Das Adjektiv richtet sich nach dem Substantiv, auf das es sich bezieht.

Die Adjektive auf **-e** haben nur eine Form für das Maskulinum und das Femininum.

27. Das Verb *estar* – Präsens

	Estou	em Faro.		**Estamos**	a almoçar.
Onde	**estás?**			(estais)	
Ele	**está**	a telefonar.	Vocês	**estão**	em férias?

UNIDADE 5

28. Das Verb *saber* – Präsens

Eu	**sei**	onde fica a casa.
Onde é o correio,	**sabes?**	
Onde há uma farmácia,	**sabe?**	
Nós	**sabemos**	quem é ele.
	(sabeis)	
Eles	**sabem**	alguma coisa de português.

29. Die Ordnungszahlen

1.º	primeiro, -a	5.º	quinto, -a	9.º	nono, -a
2.º	segundo, -a	6.º	sexto, -a	10.º	décimo, -a
3.º	terceiro, -a	7.º	sétimo, -a	11.º	décimo primeiro
4.º	quarto, -a	8.º	oitavo, -a		…

longe	**do**	centro.
perto	**da**	estação.
à direita	**do**	cinema.
à esquerda	**dos**	correios.
ao lado	**das**	cabines.
em frente	**do**	teatro.
até	**ao**	Largo.

3 … r

Para o centro é o 24.	zum
Vou **para** casa/Lisboa.	nach
Vou **a** casa.	nach

Para und *a* drücken eine Zielrichtung aus und stehen meistens nach Verben der Bewegung.

Beachten Sie:
Vou para casa: ich gehe nach Hause und bleibe für längere Zeit dort.
Vou a casa: ich gehe kurz nach Hause.

A Sra. vai	**por**	esta rua.	**por**
Você passa	**pelo**	parque.	**por + o = pelo**
O senhor passa	**pela**	praça.	**por + a = pela**

Por in Verbindung mit den Verben *Ir, passar* bedeutet vorbeigehen, durchgehen und darf nicht verwechselt werden mit *para.*

32. Das Verb *haver* – Präsens

Desculpe,	**há** um restaurante aqui perto?
	Há autocarros para o centro?

In der Bedeutung von „vorhanden sein, existieren" wird *haver* nur in der 3. Person Singular verwendet.
Nach *há* kann ein Substantiv sowohl im Singular als auch im Plural stehen.

33. Infinitivsätze

1.

	Queria descer	na 2ª paragem.
A Mariana	**prefere ficar**	em casa.

2.

Onde	**tenho que descer**	?
Não	**gosto de andar**	a pé.

Es gibt Verben, die
1. den Infinitiv direkt anschließen, z. B. *querer, preferir, desejar,*
2. den Infinitiv mit einer Präposition anschließen, z. B. *ter, gostar.*

34. Das Verb *ir* – Präsens

	Vou	com a Mariana ao teatro.
Para onde	**vais**	hoje à noite?
Ana	**vai**	a pé até à praia.
	Vamos	aos correios.
	(ides)	
	Vão	já para casa?

ir (gehen/fahren) wird in Verbindung mit einem Ziel verwendet.
andar (gehen/laufen) verwendet man, wenn kein Ziel genannt ist.

UNIDADE 6

35. Die Verben *vir* und *fazer* – Präsens

vir			fazer		
	Venho	do trabalho.		**Faço**	o jantar.
Donde	**vens**	?		**Fazes**	o arroz?
Quem	**vem**	hoje à noite?	Não	**faz**	mal.
	Vimos	da Alemanha.		**Fazemos**	tudo bem.
	(vindes)			(fazeis)	
Eles	**vêm**	do café.	Elas	**fazem**	as compras.

36. Nahe Zukunft = *ir* + Infinitiv

	Vou	comprar	carne e verduras.
O que	**vais**	fazer?	
Você	**vai**	jantar	no restaurante?
Nós	**vamos**	fazer	compras no mercado.
Sabes que os tios	**vão**	vir	hoje a noite?

Aber: *Vou* ao restaurante hoje à noite.

37. Die unbestimmten Mengenangaben

É preciso comprar	muito	vinho.
Temos ainda	muita	fruta.
A sopa tem	pouco	sal.
Compra	pouca	fruta.
Dê-me	**um** pouco **de**	presunto.

38. Die bestimmten Mengenangaben

meio quilo	=	**1/2 kg**	**de**	lombo
duzentas gramas	=	**200 gr**	**de**	manteiga
um litro	=	**1 l**	**de**	azeite
		5 fatias	**de**	presunto
		2 latas	**de**	óleo
		1 pacote	**de**	açúcar

Beachten Sie: Dem deutschen „ein Pfund“ entspricht *meio quilo* ohne Artikel.

39. Substantive – Plural (II)

Singular	Plural	
o **pão** o alem**ão**	os **pães** os alem**ães**	**ão – ães**
o mel**ão**	os mel**ões**	**ão – ões**

Eine kleine Zahl von Wörtern, die auf **-ão** enden, bildet den Plural auf **-ães.**
Die häufigste Form des Plurals ist aber **-ões.**

40. Adjektive – absoluter Superlativ

O presunto é	car**íssimo**	=	muito caro.
A carne de bife é	tenr**íssima**	=	muito tenra.
Os legumes estão	fresqu**íssimos**	=	muito frescos.
As fatias de fiambre são	fin**íssimas**	=	muito finas.

41. Die Demonstrativpronomen – *este, esse, aquele* (II)

Singular		
este (der hier)	**esse** (der da)	**aquele** (der dort)
Este queijo é da serra. **Esta** carne é de vaca.	**Esse** é flamengo. **Essa** é de porco.	**Aquele** é camembert. **Aquela** é de vitela.

Plural		
Estes bolos são de arroz? **Estas** bebidas são aperitivos.	Não, **esses** são de creme. **Essas** são refrigerantes.	**Aqueles** são de arroz. **Aquelas** são licores.
bezeichnet Sachen/Personen in der Nähe des Sprechenden.	bezeichnet Sachen/ Personen in der Nähe des Angesprochenen.	bezeichnet Sachen/ Personen, die von den Sprechenden und Angesprochenen entfernt sind.

Este, esse, aquele können allein stehen oder in Begleitung eines Substantivs. In beiden Fällen richtet sich das Demonstrativpronomen in Geschlecht und in Zahl nach dem Bezugswort.

Unveränderlich		
isto (das hier)	**isso** (das da)	**aquilo** (das dort)
O que é **isto?**	**Isso** é um prato típico português.	E **aquilo,** o que é? É uma sopa do Norte.
bezeichnet Sachen in der Nähe des Sprechenden.	bezeichnet Sachen in der Nähe des Angesprochenen.	bezeichnet Sachen, die von den Sprechenden und Angesprochenen entfernt sind.

UNIDADE 7

42. Das reflexive Verb – Präsens

levantar-se						
levanto	**-me**	Não	**me**	levanto	sempre às 7.
levantas	**-te**	Com quem	**te**	entretens,	João?
levanta	**-se**	Como	**se**	chama	esta senhora?
levantamo	**-nos**	Nós sempre	**nos**	sentamos	para almoçar.
(levantai	**-vos**)				
levantam	**-se**	As crianças já	**se**	lavam	sozinhas.

Die Personalpronomen stehen unmittelbar nach dem Verb und sind mit diesem durch Bindestrich verbunden.

Nach einem Fragewort, der Verneinung und nach *já, também, ainda, que, até, quase, sempre,* etc. stehen die Personalpronomen vor dem Verb und ohne Bindestrich.

43. Verben auf *-ar-, -er, -ir* – pretérito perfeito simples

Das *pretérito perfeito simples* ist eine Zeitform der Vergangenheit.

encontrar	ler	sair
encontr**ei**	**li**	sa**í**
encontr**aste**	**leste**	sa**íste**
encontr**ou**	**leu**	sa**iu**
encontr**ámos**	**lemos**	sa**ímos**
(encontrastes)	(lestes)	(saístes)
encontr**aram**	**leram**	sa**íram**

Für das Präsens der Verben *ler* und *sair* siehe die Konjugationstabelle S. 203 und 206.

Beachten Sie: ficar – fiquei, ficaste, …

Eu **conheci** o meu marido em 1975. Quando **te levantaste** hoje? O que é que **aconteceu** em Portugal em 1974? Nós **partimos** de Hamburgo às 10 horas. Os meus filhos **comeram** fora ontem.	ich habe kennengelernt bist du aufgestanden? was ist geschehen? wir sind abgefahren sie haben gegessen

Der Gebrauch des *preterito perfeito simples* entspricht dem des deutschen Perfekts.

44. Die Verben *fazer, ir, estar, ser* – pretérito perfeito simples

fazer	ir	estar	ser
fiz	**fui**	**estive**	**fui**
fizeste	**foste**	**estiveste**	**foste**
fez	**foi**	**esteve**	**foi**
fizemos	**fomos**	**estivemos**	**fomos**
(fizestes)	(fostes)	(estivestes)	(fostes)
fizeram	**foram**	**estiveram**	**foram**

45. Die Possessivpronomen

1. Erste und zweite Person

Maskulinum			Singular		Femininum
Saí com	**o meu**	marido.	Visitei	**a minha**	filha.
Maria, onde está	**o teu**	jornal?	Mário, onde está	**a tua**	chave?
Ele falou com	**o nosso**	amigo.	Você conhece	**a nossa**	cozinha?
Quantos anos tem	**o vosso**	filho?	Queria conhecer	**a vossa**	terra.

Maskulinum	Plural	Femininum
os meus		**as minhas**
os teus		**as tuas**
os nossos		**as nossas**
os vossos		**as vossas**

2. Dritte Person – Der „Besitzer" ist der Angeredete

Maskulinum	Singular/Plural				Femininum
Sr. Silva, como é	**o seu**	carro?	Maria, como está	**a sua**	filha?
Sr. Nunes,	**os seus**	pais já chegaram?	Berta, como passou	**as suas**	férias?

Das Possessivpronomen richtet sich in Geschlecht und Zahl nach seinem Bezugswort. Im Gegensatz zum Deutschen wird es gewöhnlich vom bestimmten Artikel begleitet.

Die Formen *o seu, a sua, os seus, as suas* werden im allgemeinen gebraucht, wenn der Besitzer mit „Sie" angeredet wird.

Beachten Sie: Das Possessivpronomen der dritten Person findet im Portugiesischen seltener Anwendung als im Deutschen, vor allem bei Familienmitgliedern:

ele saiu com a	mulher
ela ficou com o	marido em casa
eles levam os	filhos à escola

3. Dritte Person – Der „Besitzer" ist nicht der Angeredete

Maskulinum	Singular/Plural		Femininum
Como é o carro	**dele ?**	Como está a filha	**dela?**
Já chegaram os pais	**deles.**	Como foram as férias	**delas?**

UNIDADE 8

46. Das Verb *poder* – imperfeito

Eu	pod**ia**	fazer pastéis de bacalhau.
Rui,	pod**ias**	ir ao festival de jazz.
Você	pod**ia**	-me fazer um favor.
Nós	pod**íamos**	ir de comboio.
Vós	(pod**íeis**)	vir nos visitar.
Vocês/eles	pod**iam**	levar a Clara ao aeroporto.

Das Verb *poder* im Imperfekt drückt einen Vorschlag aus und wird sehr oft anstatt Konditional gebraucht.

47. Die Personalpronomen *me, te, nos, vos*

Levas-**me**	ao hotel?	mich
Vejo-**te**	no sábado.	dich
A Rosalinda convidou-**nos**	para amanhã.	uns
O Victor encontrou-**vos**	na estação?	euch

Dê-**me**	a sua chave!	mir
Eu dou-**te**	o número dele.	dir
Ele escreveu-**nos**	uma carta.	uns
Dou-**vos**	as chaves.	euch

Die Personalpronomen können unmittelbar nach oder vor dem Verb stehen (s. unter 42).

48. Das Relativpronomen *que*

1. Ohne Präposition

Sachen und Personen			
Tenho um amigo	**que**	faz 40 anos.	der
O filme	**que**	eu vi é muito divertido.	den
A rapariga	**que**	conheceste ontem é simpática.	das
Os programas	**que**	vimos são bons.	die

2. Mit Präposition

Nur für Sachen			
Eu já vi o filme	**de que**	estás a falar.	von dem
Ele chegou no dia	**em que**	fiz anos.	an dem
Os materiais	**com que**	trabalho são bons.	mit denen

Que ist das am häufigsten gebrauchte portugiesische Relativpronomen. Es ist unveränderlich und kann sich auf Personen und Sachen (1.) beziehen. Es wird auch mit Präposition verwendet (2.), wenn das Bezugswort eine Sache ist.

49. Das Relativpronomen *quem*

1. Mit Präposition

Nur für Personen			
Este é o rapaz	**a quem**	dei as chaves.	dem
A colega	**com quem**	trabalho é rápida.	mit der
A rapariga	**de quem**	falas é minha aluna.	von der

Quem ist unveränderlich und kann sich nur auf Personen beziehen.
Es wird normalerweise mit einer Präposition verwendet.

2. *Quem* ohne Bezugswort

	Quem	tem boca, vai a Roma.	wer
	Quem	chega tarde, já não tem lugar.	wer
Convida só	**quem**	está na lista.	diejenigen, die

Quem muß verwendet werden, wenn ein Bezugswort fehlt. Es entspricht dem deutschen „wer“, „wen“, „derjenige, der“.
Oft findet man *quem* in Sprichwörtern und Verallgemeinerungen.

50. Die Verben *ver, dizer* und *dar* – Präsens

	ver			**dizer**	
	Vejo	-te sempre a trabalhar.		**Digo**	a frase em português?
	Vês	o Paulo amanhã?		**Dizes**	quando vens?
Ele	**vê**	a Maria todos os dias.	Ele	**diz**	tudo para ela.
	Vemos	muitos filmes alemães.		**Dizemos**	sempre a mesma coisa.
	(vedes)			(dizeis)	
Vocês	**vêem**	muito televisão?	Não	**dizem**	quando começa o filme?

	dar	
	Dou	-vos um ou dois quilos de batatas?
Victor,	**dás**	-me o teu número de telefone?
Sr. Garcia,	**dá**	-me o seu passaporte, faz favor?
O que	**damos**	a Maria para o seu aniversário?
	(dais)	
Quando eles te	**dão**	o bilhete?

51. Die Verben *ver, dizer, dar* und *haver* – preterito perfeito simples

ver	dizer	dar	haver
vi **viste** **viu** **vimos** (vistes) **viram**	**disse** **disseste** **disse** **dissemos** (dissestes) **disseram**	**dei** **deste** **deu** **demos** (destes) **deram**	 **houve**

52. *A gente = nós*

A gente vai ao cinema hoje. Ele viu **a gente** passar. O Zé gosta **da gente.** Não falas com **a gente?**	*Wir* gehen... Er hat *uns* gesehen. Zé mag *uns* gerne. Sprichst du nicht mit *uns?*

Statt *nós* wird in der Umgangssprache sehr oft *a gente* mit der dritten Person Singular verwendet.

UNIDADE 9

53. Adjektive – Steigerung

Komparativ

O expresso é	**mais**	rápido (do)	**que**	o directo.	schneller als...
Ciombra é	**tão**	bela	**como**	Viana.	genauso schön wie
A tua rua é	**menos**	barulhenta	**que**	a minha.	weniger laut als
A minha é	**a mais**	barulhenta	**de**	todas	die lauteste

Beachten Sie: O expresso é mais rápido *do que* pensas. Vor einem Verb kann nur die Form *do que* gebraucht werden.

Besonderheiten

Adjektiv	Komparativ
bom	**melhor**
grande	**maior**
pequeno	**menor**
	mais pequeno
mau	**pior**

Absoluter Superlativ
óptimo/muito bom
máximo/muito grande
mínimo/muito pequeno
pequeníssimo
péssimo/muito mau

Absoluter Superlativ: s. auch Nr. 40

54. Imperfeito als Äußerung von Wünschen – *gostar, querer, preferir*

O que fazes no Natal?	Eu **gostava** tanto de visitar a minha filha...
Sabes se ela está em casa no fim de semana?	Acho que não. Ela **queria** muito visitar a mãe.
Já sabes onde vais morar?	Ainda não, mas eu **preferia** morar perto da Universidade.

In der Umgangssprache ersetzt das Imperfekt sehr häufig den Konditional.
z. B.: Eu *gostava* (statt *gostaria*) de conhecer este rapaz.
Ich würde gern diesen jungen Mann kennenlernen.

gostar	querer	preferir
gost**ava**	quer**ia**	prefer**ia**
gost**avas**	quer**ias**	prefer**ias**
gost**ava**	quer**ia**	prefer**ia**
gost**ávamos**	quer**íamos**	prefer**íamos**
(gostáveis)	(queríeis)	(preferíeis)
gost**avam**	quer**iam**	prefer**iam**

55. Substantiv und Adjektiv – Plural (III)

Singular	**-m**	**Plural**	**-ns**
o jov**em** a viag**em** o hom**em**		os jove**ns** as viage**ns** os home**ns**	
bo**m**		bo**ns**	

Singular	**-ão**	**Plural**	**-ões**
o cart**ão** o avi**ão** a excurs**ão** a informaç**ão**		os cart**ões** os avi**ões** as excurs**ões** as informaç**ões**	

Singular	**-l**	**Plural**	**-is**
comerci**al** confortáv**el** difíc**il** espanh**ol**	**-al** **-el** **-il** **-ol**	comerci**ais** confortáv**eis** difíc**eis** espanh**óis**	**-ais** **-eis** **-eis** **-ois**

56. *ir de . . . / andar de . . .*

Como vais à Madeira? Como foste a Portugal? **De comboio?**	**Vou de** avião. Não, **de carro.**
Minha senhora, como vai à cidade?	**Vou a pé.**
Andas muito de carro?	**Não muito.**

57. Die Verben *perder, pedir, ouvir* – Präsens

perder	pedir	ouvir
perco perdes perde perdemos (perdeis) perdem	**peço** pedes pede pedimos (pedis) pedem	**ouço** ouves ouve ouvimos (ouvis) ouvem

UNIDADE 10

58. Zum Ausdruck des Pronomens „man"

1. **Chamaram-lhe** vinho verde. **Dizem** que o voo está atrasado. Que informações te **deram?**	2. Como **se bebe** este vinho? **Bebe-se** novo. **Diz-se** que os preços vão subir.

Für das unpersönliche Subjekt „man" gibt es im Portugiesischen zwei Ausdrucksmöglichkeiten:

1. durch das Verb in der 3. Person Plural und ohne Subjektpronomen.
2. durch das Pronomen *se*. In diesem Fall steht das Verb meistens in der 3. Person Singular und wird mit *se* durch einen Bindestrich verbunden.

59. Das direkte und indirekte Objekt

Verb	direktes Objekt	indirektes Objekt	
Comi Viste	uma sopa. o Álvaro?		was? wen?
Dei Telefonei	o endereço	**a** muita gente. **a** eles.	wem?

Das direkte Objekt steht unmittelbar nach dem Verb.
Das indirekte Objekt steht normalerweise nach dem direkten Objekt und wird mit der Präposition *a* angeschlossen.

60. Das indirekte Objekt mit *a* + Artikel

Diz	**à**	Luísa que eu cheguei.	Diz	**a**	ela.
Pede	**ao**	empregado a ementa.	Pede	**a**	ele.
Pergunta	**às**	senhoras o que bebem.	Pergunta	**a**	elas.
Telefona	**aos**	teus pais.	Telefona	**a**	eles.

Beachten Sie: Im Unterschied zum Deutschen verlangen einige Verben im Portugiesischen das indirekte Objekt, z. B.:

chamar	*a*	alguém	=	jemanden nennen
pedir	*a*	alguém	=	jemanden bitten
perguntar	*a*	alguém	=	jemanden fragen
telefonar	*a*	alguém	=	jemanden anrufen

61. Das Personalpronomen *lhe, lhes* = indirektes Objekt (Dativ)

A Ada vai telefonar.	Diz-**lhe** que eu saí.	ihr
Quanto deves ao teu irmão?	Devo-**lhe** 500 marcos.	ihm
Eles já chegaram.	Dá-**lhes** o dinheiro.	ihnen

Die Personalpronomen *lhe* und *lhes* können unmittelbar nach oder vor dem Verb stehen (s. unter 42).

62. Verben auf *-ar, -er, -ir* – Partizip Perfekt/particípo passado

Como gostas de bacalhau? Como é a sardinha? Como fazes as lulas?	Ass**ado** no forno. Grelh**ada.** Reche**adas.**	gebraten gegrillt gefüllt	**-ar**
Dê-me o jornal de hoje! O que faço? Cozo ou frito a pescada?	Está tudo vend**ido.** Prefiro coz**ida.**	verkauft gekocht	**-er**
Quer o peixe inteiro?	Não. Part**ido.**	geschnitten	**-ir**

Unregelmäßige Partizipien

fritar	**frito**
escrever	**escrito**
dizer	**dito**
fazer	**feito**
pôr	**posto**
ver	**visto**
vir	**vindo**

Beachten Sie: Das Passiv (Leideform) wird auch mit dem Partizip Perfekt gebildet und mit dem Hilfsverb *ser* konjugiert, z. B.:
O vinho verde *é cultivado* no Noroeste.
A sardinha *é assada* na brasa.

63. Das Verb *trazer* – Präsens

trago
trazes
traz
trazemos
(trazeis)
trazem

64. Die Verben *vir* und *trazer* – pretérito perfeito simples

vir	trazer
vim	**trouxe**
vieste	**trouxeste**
veio	**trouxe**
viemos	**trouxemos**
(viestes)	(trouxestes)
vieram	**trouxeram**

65. Verben auf *-ar, -er, -ir* – Imperativ

-ar		
Carlos,	telefon**a**	-me hoje à noite!
Faz favor,	lev**e**	-me à estação!
	Pergunt**em**	ao guarda!

-er		-ir	
Com**e**	uma pizza, Ana!	Part**e**	amanhã, Luiza!
Escrev**a**	o seu nome!	Abr**a**	a porta, faz favor!
Escolh**am**	um filme divertido!	Sub**am,**	o comboio vai partir!

Verben mit Sonderformen – Imperativ

dar	fazer	dizer	trazer
dá	**faz**	**diz**	**traz**
dê	**faça**	**diga**	**traga**
dêem	**façam**	**digam**	**tragam**

UNIDADE 11

66. Verbale Umschreibungen

1. **Acabar de + Infinitiv**	Vergangenheit Rückblick auf eine Handlung
Sabes quem eu **acabei de** ver? Ele não está, **acabou de** sair. Eles **acabaram de** telefonar.	...*eben* gesehen habe? ...ist *eben* weggegangen. ...haben *eben* telefoniert.

Die Handlung wurde eben vollzogen.

2. **Estar a + Infinitiv**	Gegenwart/Vergangenheit Verlauf einer Handlung
O que **está** a fazer? **Estou a** lavar roupa **Estão** todos **a** rir-se Ainda **estás a** telefonar?	Was machen Sie *gerade?* Ich wasche *gerade.* Sie lachen *gerade.* Telefonierst du *immer noch?*

Hier wird eine Handlung beschrieben, wie sie gerade verläuft.

Beachten Sie: Für das Brasilianische siehe den Hinweis Unidade 2, Nr. 11.

67. Das Personalpronomen (III) – *-o, -a, -os, -as*

1. Direktes Objekt (Akkusativ)

Onde está o Artur? Conheces a Ada? Eles estão atrasados. Onde compraste as maçãs?	Viste Vi Leva Comprei	**-o?** **-a** **-os** **-as**	Não o vejo há 3 dias. há anos. à estação. na praça.	ihn sie sie sie
Bom dia, eu acho que		**o/a** **os/as**	conheço.	Sie

2. *-o, -a, -os, -as* nach Infinitiv

Pode lavar o carro aqui.	Pode **lavá-lo** aqui.	ihn
Onde posso deixar as chaves?	Onde posso **deixá-las**?	sie
Muito prazer em conhecer o Sr.	Muito prazer em **conhecê-lo.**	Sie
Posso acompanhar as Sras.?	Posso **acompanhá-las?**	Sie

3. *-o, -a, -os, -as* nach „s" und „z"

Compras a fruta na feira?	**Compra-la** na feira?	sie
Traz o pão para aqui.	**Trá-lo** para aqui.	ihn

Wenn die Verbform auf *-r, -s,* oder *-z* endet verwandeln sich *-o, -a, -os, -as* in *-lo, -la, -los, -las* und der Schlußkonsonant des Verbs fällt weg.

Beachten Sie: Wenn die Verbformen auf *-ão, -am, -em* enden, entstehen die Formen *-no, -na, -nos, -nas,* z. B.: Compram a fruta. – *Compram-na.* Eles vendem o vinho barato. – Eles *vendem-no* barato. Eles dão os bilhetes à porta. – Eles *dão-nos* à porta.

68. Das Personalpronomen nach Präposition

Vocês estão a falar	**de mim?**		von mir
Eu quero ajuda	**de ti.**		von dir
Chegou uma carta	**para si.**		für Sie
O bilhete é	**para ele/ela.**		für ihn für sie
Ele passou	**por nós**	e não nos viu.	an uns…
Isso é importante	**para vocês?**		für euch
O que interessa	**a eles/elas**	é desporto.	…sie

69. Personalpronomen nach der Präposition *com*

Vens	comigo	para casa?	mit mir
Posso falar	contigo	hoje?	mit dir
	Consigo		mit Ihnen
	Com ele	está tudo em ordem?	mit ihm
	Com ela		mit ihr
Ele vai jantar	connosco		mit uns
Quero ir	convosco com vocês	ao cinema.	mit euch
	Com eles Com elas	não há problemas.	mit ihnen

70. Verben auf *-ar, -er, -ir* – pretérito imperfeito

tomar	**beber**	**preferir**
tom**ava**	beb**ia**	prefer**ia**
tom**avas**	beb**ias**	prefer**ias**
tom**ava**	beb**ia**	prefer**ia**
tom**ávamos**	beb**íamos**	prefer**íamos**
(tomáveis)	(bebíeis)	(preferíeis)
tom**avam**	beb**iam**	prefer**iam**

Beachten Sie: ir – ia, ias, ...

71. Gebrauch des pretérito imperfeito

1.

Quando eu cheguei a casa, a Célia **estava** na cama. Eu conheci o Alfredo quando ele **vivia** em Lisboa. Quando o meu irmão nasceu, eu **era** uma criança.

Hier drückt das *pretérito imperfeito* eine Handlung aus, die noch andauerte, als eine andere eintrat.

2.

O que é que tu **fazias** na minha idade? Na tua idade eu já **trabalhava.** Dantes não **havia** seguro-social. Com 17 anos o Jorge **era** muito alegre. Há 15 anos o meu avô ainda **saía** muito de casa.

Hier wird das *pretérito imperfeito* benutzt, um Gegebenheiten und Zustände in der Vergangenheit zu schildern.

3.

Nós **passávamos** as férias sempre na praia. Quando **era** pequena, **ia** todos os domingos buscar pão. No Natal a família **reunia-se** no dia 25.

Das *préterito imperfeito* dient hier zur Schilderung von Gewohnheiten in der Vergangenheit.

4.

Gostava de comprar um livro sobre o Fado. **Queria** ver a lista dos vinhos. **Podia** me trazer a ementa?

Das *pretérito imperfeito* wird auch gebraucht, um Bitten, Forderungen oder Wünsche auszudrücken.

72. Verben mit Sonderformen – pretérito imperfeito

ser	ter	vir	pôr
era **eras** **era** **éramos** (éreis) **eram**	**tinha** **tinhas** **tinha** **tínhamos** (tínheis) **tinham**	**vinha** **vinhas** **vinha** **vínhamos** (vínheis) **vinham**	**punha** **punhas** **punha** **púnhamos** (púnheis) **punham**

73. Das Verb *pôr* – Präsens und pretérito perfeito simples

ponho **pões** **põe** **pomos** (pondes) **põem**	**pus** **puseste** **pôs** **pusemos** (pusestes) **puseram**

74. Zeitangaben mit *desde* und *há*

desde (seit)	**há** (seit, vor)
Eu não te vejo **desde** o Verão. Ele está aqui **desde** o dia 15. Ela esperou **desde** as 3 horas.	**Há** quanto tempo que eu não te vejo! Ele chegou **há** 15 dias. Ela está aqui **há** 3 horas. Ela está aqui **desde há** 3 horas.

Desde bezeichnet den rückliegenden Anfang einer Zeitspanne.

Wenn der Anfangspunkt nicht erwähnt ist, sondern nur die Zeitspanne, wird die Verbform **há** (von *haver*) verwendet. Zur Verstärkung wird auch **desde há** gebraucht.

GRAMMATIKTABELLEN

1. Der bestimmte Artikel

Präposition	Maskulinum Singular	Plural	Femininum Singular	Plural
	o	os	a	as
a	ao	aos	à	às
de	do	dos	da	das
em	no	nos	na	nas
por	pelo	pelos	pela	pelas

2. Der unbestimmte Artikel

Präposition	Maskulinum Singular	Plural	Femininum Singular	Plural
	um	uns	uma	umas
de	dum	duns	duma	dumas
em	num	nuns	numa	numas

3. Die Personalpronomen

	ohne Präposition Akkus.	Dativ	Reflex.	mit Präposition	mit der Präposition «com»
eu	me	me	me	mim	comigo
tu	te	te	te	ti	contigo
ele, ela, você	o, a	lhe	se	ele, ela, si	consigo, com ele/ela
nós	nos	nos	nos	nós	connosco
vós	vos	vos	vos	vós	convosco
eles, elas	os, as	lhes	se	eles, elas, si	consigo, com eles/elas

de + ele = dele	de + ela = dela	de + eles = deles	de + elas = delas
em + ele = nele	em + ela = nela	em + eles = neles	em + elas = nelas

4. Die Demonstrativpronomen

Singular **Maskulinum**	**Femininum**	**Neutrum**	Plural **Maskulinum**	**Femininum**
este	esta	isto	estes	estas
esse	essa	isso	esses	essas
aquele	aquela	aquilo	aqueles	aquelas

Präposition	Singular **Maskulinum**	**Femininum**	**Neutrum**	Plural **Maskulinum**	**Femininum**
a	àquele	àquela	àquilo	àqueles	àquelas
de	deste	desta	disto	destes	destas
	desse	dessa	disso	desses	dessas
	daquele	daquela	daquilo	daqueles	daquelas
em	neste	nesta	nisto	nestes	nestas
	nesse	nessa	nisso	nesses	nessas
	naquele	naquela	naquilo	naqueles	naquelas

5. Die Possessivpronomen

Singular **Maskulinum**	**Femininum**	Plural **Maskulinum**	**Femininum**
o meu	a minha	os meus	as minhas
o teu	a tua	os teus	as tuas
o seu	a sua	os seus	as suas
o nosso	a nossa	os nossos	as nossas
o vosso	a vossa	os vossos	as vossas
o seu	a sua	os seus	as suas

6. Die Fragewörter

Präposition	Singular **Maskulinum**	**Femininum**	Plural **Maskulinum**	**Femininum**	**Unveränderlich**
a, de, para, por, com	qual?	qual?	quais?	quais?	que?
a, de, para, por, com	quanto?	quanta?	quantos?	quantas?	quem?
a, de, para, por					onde?
					como?
					porque?
de, para					quando?

7. Pluralbildung

Substantive Singular	Substantive Plural	Adjektive Singular Maskulinum	Adjektive Singular Femininum	Adjektive Plural Maskulinum	Adjektive Plural Femininum
a rapariga	as raparigas	fresco	fresca	frescos	frescas
o menino	os meninos	pequeno	pequena	pequenos	pequenas
o chouriço	os chouriços	grande		grandes	
a cidade	as cidades	europeu	europeia	europeus	europeias
a árvore	as árvores				
o café	os cafés				
a mãe	as mães				
o senhor	os senhores	familiar		familiares	
o gás	os gases	inferior		inferiores	
o rapaz	os rapazes	português	portuguesa	portugueses	portuguesas
a cruz	as cruzes	capaz		capazes	
		simples			
o jardim	os jardins	jovem		jovens	
o jovem	os jovens				
a origem	as origens				
o homem	os homens				
o pinheiral	os pinheirais	individual		individuais	
o ideal	os ideais	natural		naturais	
o canal	os canais	agradável		agradáveis	
o hotel	os hotéis	difícil		difíceis	
o papel	os papéis	fácil		fáceis	
o têxtil	os têxteis	espanhol	espanhola	espanhóis	espanholas
		azul		azuis	
o irmão	os irmãos				
a mão	as mãos				
o pão	os pães				
a televisão	as televisões	alemão	alemã	alemães	alemãs
a canção	as canções				
o garrafão	os garrafões				
a multidão	as multidões				
a condição	as condições				
a ligação	as ligações				

8. Tabelle der regelmäßigen Verben auf -ar, -er und -ir

Infinitivo	Presente	Pret. perfeito	Imperfeito	Futuro próximo		Imperativo	Particípio passado	Gerúndio
falar								
eu	falo	falei	falava	vou		–		
tu	falas	falaste	falavas	vais		fala		
ele, ela, você, a gente	fala	falou	falava	vai	falar	fale	falado	falando
nós	falamos	falámos	falávamos	vamos		falemos		
vós	(falais)	(falastes)	(faláveis)	(ides)		–		
eles, elas, vocês	falam	falaram	falavam	vão		falem		
comer								
eu	como	comi	comia	vou		–		
tu	comes	comeste	comias	vais		come		
ele, ela, você, a gente	come	comeu	comia	vai	comer	coma	comido	comendo
nós	comemos	comemos	comíamos	vamos		comamos		
vós	(comeis)	(comestes)	(comíeis)	(ides)		–		
eles, elas, vocês	comem	comeram	comiam	vão		comam		
partir								
eu	parto	parti	partia	vou		–		
tu	partes	partiste	partias	vais		parte		
ele, ela, você, a gente	parte	partiu	partia	vai	partir	parta	partido	partindo
nós	partimos	partimos	partíamos	vamos		partamos		
vós	(partis)	(partistes)	(partíeis)	(ides)		–		
eles, elas, vocês	partem	partiram	partiam	vão		partam		

9. Tabelle der unregelmäßigen Verben

Infinitivo	Presente	Pret. perfeito	Imperfeito	Futuro próximo		Imperativo	Particípio passado	Gerúndio
conseguir								
eu	consigo	consegui	conseguia	vou		–		
tu	consegues	conseguiste	conseguias	vais		consegue		
ele, ela, você, a gente	consegue	conseguiu	conseguia	vai	conseguir	consiga	conseguido	conseguindo
nós	conseguimos	conseguimos	conseguíamos	vamos		consigamos		
vós	(conseguis)	(conseguistes)	(conseguíeis)	(ides)		(consegui)		
eles, elas, vocês	conseguem	conseguiram	conseguiam	vão		consigam		
dançar								
eu	danço	dancei	dançava	vou		–		
tu	danças	dançaste	dançavas	vais		dança		
ele, ela, você, a gente	dança	dançou	dançava	vai	dançar	dance	dançado	dançando
nós	dançamos	dançámos	dançávamos	vamos		dancemos		
vos	(dançais)	(dançastes)	(dançáveis)	(ides)		(dançai)		
eles, elas, vocês	dançam	dançaram	dançavam	vão		dancem		
dar								
eu	dou	dei	dava	vou		–		
tu	dás	deste	davas	vais		dá		
ele, ela, você, a gente	dá	deu	dava	vai	dar	dê	dado	dando
nós	damos	demos	dávamos	vamos		demos		
vós	(dais)	(destes)	(dáveis)	(ides)		(dai)		
eles, elas, vocês	dão	deram	davam	vão		dêem		
dizer								
eu	digo	disse	dizia	vou		–		
tu	dizes	disseste	dizias	vais		diz		
ele, ela, você, a gente	diz	disse	dizia	vai	dizer	diga	dito	dizendo
nós	dizemos	dissemos	dizíamos	vamos		digamos		
vós	(dizeis)	(dissestes)	(dizíeis)	(ides)		(dizei)		
eles, elas, vocês	dizem	disseram	diziam	vão		digam		
dormir								
eu	durmo	dormi	dormia	vou		–		
tu	dormes	dormiste	dormias	vais		dorme		
ele, ela, você, a gente	dorme	dormiu	dormia	vai	dormir	durma	dormido	dormindo
nós	dormimos	dormimos	dormíamos	vamos		durmamos		
vós	(dormis)	(dormistes)	(dormíeis)	(ides)		(dormei)		
eles, elas, vocês	dormem	dormiram	dormiam	vão		durmam		

fabricar explicar

estar								
eu	estou	estive	estava	vou		–		
tu	estás	estiveste	estavas	vais		está		
ele, ela, você, a gente	está	esteve	estava	vai	estar	esteja	estado	estando
nós	estamos	estivemos	estávamos	vamos		estejamos		
nós	(estais)	(estivestes)	(estáveis)	(ides)		(estai)		
eles, elas, vocês	estão	estiveram	estavam	vão		estejam		
fazer								
eu	faço	fiz	fazia	vou		–		
tu	fazes	fizeste	fazias	vais		faz		
ele, ela, você, a gente	faz	fez	fazia	vai	fazer	faça	feito	fazendo
nós	fazemos	fizemos	fazíamos	vamos		façamos		
vós	(fazeis)	(fizestes)	(fazíeis)	(ides)		(fazei)		
eles, elas, vocês	fazem	fizeram	faziam	vão		façam		
ficar								
eu	fico	fiquei	ficava	vou		–		
tu	ficas	ficaste	ficavas	vais		fica		
ele, ela, você, a gente	fica	ficou	ficava	vai	ficar	fique	ficado	ficando
nós	ficamos	ficámos	ficávamos	vamos		fiquemos		
vós	(ficais)	(ficastes)	(ficáveis)	(ides)		(ficai)		
eles, elas, vocês	ficam	ficaram	ficavam	vão		fiquem		
haver								
eu								
tu								
ele, ela, você, a gente	há	houve	havia	vai	haver	–	havido	havendo
nós								
vós								
eles, elas, vocês								
ir								
eu	vou	fui	ia	vou		–		
tu	vais	foste	ias	vais		vai		
ele, ela, você, a gente	vai	foi	ia	vai	ir	vá	ido	indo
nós	vamos	fomos	íamos	vamos		vamos		
vós	(ides)	(fostes)	(íeis)	(ides)		(ide)		
eles, elas, vocês	vão	foram	iam	vão		vão		
ler								
eu	leio	li	lia	vou		–		
tu	lês	leste	lias	vais		lê		
ele, ela, você, a gente	lê	leu	lia	vai	ler	leia	lido	lendo
nós	lemos	lemos	líamos	vamos		leiamos		
vós	(ledes)	(lestes)	(líeis)	(ides)		(lede)		
eles, elas, vocês	lêem	leram	liam	vão		leiam		

Infinitivo	Presente	Pret. perfeito	Imperfeito	Futuro próximo		Imperativo	Particípio passado	Gerúndio
nascer								
eu	nasço	nasci	nascia	vou				
tu	nasces	nasceste	nascias	vais				
ele, ela, você, a gente	nasce	nasceu	nascia	vai	nascer	–	nascido	nascendo
nós	nascemos	nascemos	nascíamos	vamos				
vós	(nasceis)	(nascestes)	(nascíeis)	(ides)				
eles, elas, vocês	nascem	nasceram	nasciam	vão				
ouvir								
eu	ouço/oiço	ouvi	ouvia	vou		–		
tu	ouves	ouviste	ouvias	vais		ouve		
ele, ela, você, a gente	ouve	ouviu	ouvia	vai	ouvir	ouça	ouvido	ouvindo
nós	ouvimos	ouvimos	ouvíamos	vamos		ouçamos		
vós	(ouvis)	(ouvistes)	(ouvíeis)	(ides)		(ouvi)		
eles, elas, vocês	ouvem	ouviram	ouviam	vão		ouçam		
pagar								
eu	pago	paguei	pagava	vou		–		
tu	pagas	pagaste	pagavas	vais		paga		
ele, ela, você, a gente	paga	pagou	pagava	vai	pagar	pague	pagado/ pago	pagando
nós	pagamos	pagámos	pagávamos	vamos		paguemos		
vós	(pagais)	(pagastes)	(pagáveis)	(ides)		(pagai)		
eles, elas, vocês	pagam	pagaram	pagavam	vão		paguem		
pedir								
eu	peço	pedi	pedia	vou		–		
tu	pedes	pediste	pedias	vais		pede		
ele, ela, você, a gente	pede	pediu	pedia	vai	pedir	peça	pedido	pedindo
nós	pedimos	pedimos	pedíamos	vamos		peçamos		
vós	(pedis)	(pedistes)	(pedíeis)	(ides)		(pedi)		
eles, elas, vocês	pedem	pediram	pediam	vão		peçam		
perder								
eu	perco	perdi	perdia	vou		–		
tu	perdes	perdeste	perdias	vais		perde		
ele, ela, você, a gente	perde	perdeu	perdia	vai	perder	perca	perdido	perdendo
nós	perdemos	perdemos	perdíamos	vamos		percamos		
vós	(perdeis)	(perdestes)	(perdíeis)	(ides)		(perdei)		
eles, elas, vocês	perdem	perderam	perdiam	vão		percam		

poder									
eu	posso	pude	podia	vou					
tu	podes	pudeste	podias	vais					
ele, ela, você, a gente	pode	pôde	podia	vai	poder	–	podido	podendo	
nós	podemos	pudemos	podíamos	vamos					
vós	(podeis)	(pudestes)	(podíeis)	(ides)					
eles, elas, vocês	podem	puderam	podiam	vão					
pôr									
eu	ponho	pus	punha	vou		–			
tu	pões	puseste	punhas	vais		põe			
ele, ela, você, a gente	põe	pôs	punha	vai	pôr	ponha	posto	pondo	
nós	pomos	pusemos	púnhamos	vamos		ponhamos			
vós	(pondes)	(pusestes)	(púnheis)	(ides)		(ponde)			
eles, elas, vocês	põem	puseram	punham	vão		ponham			
preferir									
eu	prefiro	preferi	preferia	vou		–			repetir, vestir-se, sugerir, referir/conferir
tu	preferes	preferiste	preferias	vais		prefere			
ele, ela, você, a gente	prefere	preferiu	preferia	vai	preferir	prefira	preferido	preferindo	
nós	preferimos	preferimos	preferíamos	vamos		prefiramos			
vós	(preferis)	(preferistes)	(preferíeis)	(ides)		(preferi)			
eles, elas, vocês	preferem	preferiram	preferiam	vão		prefiram			
querer									
eu	quero	quis	queria	vou		–			
tu	queres	quiseste	querias	vais		quer			
ele, ela, você, a gente	quer	quis	queria	vai	querer	queira	querido	querendo	
nós	queremos	quisemos	queríamos	vamos		queiramos			
vós	(quereis)	(quisestes)	(queríeis)	(ides)		(querei)			
eles, elas, vocês	querem	quiseram	queriam	vão		queiram			
reflectir									
eu	reflito	reflecti	reflectia	vou		–			
tu	reflectes	reflectiste	reflectias	vais		reflecte			
ele, ela, você, a gente	reflecte	reflectiu	reflectia	vai	reflectir	reflita	reflectido	reflectindo	
nós	reflectimos	reflectimos	reflectíamos	vamos		reflitamos			
vós	(reflectis)	(reflectistes)	(reflectíeis)	(ides)		(reflecti)			
eles, elas, vocês	reflectem	reflectiram	reflectiam	vão		reflitam			
rir									
eu	rio	ri	ria	vou		–			
tu	ris	riste	rias	vais		ri			
ele, ela, você, a gente	ri	riu	ria	vai	rir	ria	rido	rindo	
nós	rimos	rimos	ríamos	vamos		riamos			
nós	(rides)	(ristes)	(ríeis)	(ides)		(ride)			
eles, elas, vocês	riem	riram	riam	vão		riam			

9. Tabelle der unregelmäßigen Verben

Infinitivo	Presente	Pret. perfeito	Imperfeito	Futuro próximo		Imperativo	Particípio passado	Gerúndio	
saber									
eu	sei	soube	sabia	vou		–			
tu	sabes	soubeste	sabias	vais		sabe			
ele, ela, você, a genta	sabe	soube	sabia	vai	saber	saiba			
nós	sabemos	soubemos	sabíamos	vamos		saibamos	sabido	sabendo	
vós	(sabeis)	(soubestes)	(sabíeis)	(ides)		(sabei)			
eles, elas, vocês	sabem	souberam	sabiam	vão		saibam			
sair									
eu	saio	saí	saía	vou		–			
tu	sais	saíste	saías	vais		sai			cair
ele, ela, você, a gente	sai	saiu	saía	vai	sair	saia			
nós	saímos	saímos	saíamos	vamos		saiamos	saído	saindo	
vós	(saís)	(saístes)	(saíeis)	(ides)		(saí)			
eles, elas, vocês	saem	saíram	saíam	vão		saiam			
sentir									
eu	sinto	senti	sentia	vou		–			
tu	sentes	sentiste	sentias	vais		sente			
ele, ela, você, a gente	sente	sentiu	sentia	vai	sentir	sinta	sentido	sentindo	mentir
nós	sentimos	sentimos	sentíamos	vamos		sintamos			
vós	(sentis)	(sentistes)	(sentíeis)	(ides)		(senti)			
eles, elas, vocês	sentem	sentiram	sentiam	vão		sintam			
ser									
eu	sou	fui	era	vou		–			
tu	és	foste	eras	vais		sê			
ele, ela, você, a gente	é	foi	era	vai	ser	seja	sido	sendo	
nós	somos	fomos	éramos	vamos		sejamos			
vós	(sois)	(fostes)	(éreis)	(ides)		(sede)			
eles, elas, vocês	são	foram	eram	vão		sejam			
servir									
eu	sirvo	servi	servia	vou		–			
tu	serves	serviste	servias	vais		serve			
ele, ela, você, a gente	serve	serviu	servia	vai	servir	sirva	servido	servindo	
nós	servimos	servimos	servíamos	vamos		sirvamos			
vós	(servis)	(servistes)	(servíeis)	(ides)		(servi)			
eles, elas, vocês	servem	serviram	serviam	vão		sirvam			

subir									
eu	subo	subi	subia	vou		–			
tu	sobes	subiste	subias	vais		sobe			
ele, ela, você, a gente	sobe	subiu	subia	vai	subir	suba	subido	subindo	
nós	subimos	subimos	subíamos	vamos		subamos			
vós	(subis)	(subistes)	(subíeis)	(ides)		(subi)			
eles, elas, vocês	sobem	subiram	subiam	vão		subam			
surgir									
eu	surjo	surgi	surgia	vou		–			
tu	surges	surgiste	surgias	vais		surge			
ele, ela, você, a gente	surge	surgiu	surgia	vai	surgir	surja	surgido	surgindo	
nós	surgimos	surgimos	surgíamos	vamos		surjamos			
vós	(surgis)	(surgistes)	(surgíeis)	(ides)		(surgi)			
eles, elas, vocês	surgem	surgiram	surgiam	vão		surjam			
ter									
eu	tenho	tive	tinha	vou		–			
tu	tens	tiveste	tinhas	vais		tem			
ele, ela, você, a gente	tem	teve	tinha	vai	ter	tenha	tido	tendo	entreter-se conter manter
nós	temos	tivemos	tínhamos	vamos		tenhamos			
vós	(tendes)	(tivestes)	(tínheis)	(ides)		(tende)			
eles, elas, vocês	têm	tiveram	tinham	vão		tenham			
trazer									
eu	trago	trouxe	trazia	vou		–			
tu	trazes	trouxeste	trazias	vais		traz/traze			
ele, ela, você, a gente	traz	trouxe	trazia	vai	trazer	traga	trazido	trazendo	
nós	trazemos	trouxemos	trazíamos	vamos		tragamos			
vós	(trazeis)	(trouxestes)	(trazíeis)	(ides)		(trazei)			
eles, elas, vocês	trazem	trouxeram	traziam	vão		tragam			
ver									
eu	vejo	vi	via	vou		–			
tu	vês	viste	vias	vais		vê			
ele, ela, você, a gente	vê	viu	via	vai	ver	veja	visto	vendo	
nós	vemos	vimos	víamos	vamos		vejamos			
vós	(vedes)	(vistes)	(víeis)	(ides)		(vede)			
eles, elas, vocês	vêem	viram	viam	vão		vejam			
vir									
eu	venho	vim	vinha	vou		–			
tu	vens	vieste	vinhas	vais		vem			
ele, ela, você, a gente	vem	veio	vinha	vai	vir	venha	vindo	vindo	
nós	vimos	viemos	vínhamos	vamos		venhamos			
vós	(vindes)	(viestes)	(vínheis)	(ides)		(vinde)			
eles, elas, vocês	vêm	vieram	vinham	vão		venham			

LEKTIONSWORTSCHATZ

Die Buchstaben am linken Seitenrand bedeuten:
A = Actividade; **K** = Kästchen mit den Zusammenfassungen wichtiger Strukturen;
T = Hörverständnis- oder Lesetext; **Z** = Zeichnung

UNIDADE 1

1	boa tarde	guten Tag!
	eu chamo-me	ich heiße...
	inf.: chamar-se	
	eu chamo-me... e o senhor?	ich heiße... und Sie (mein Herr)?
	eu chamo-me... e a senhora?	ich heiße... und Sie (meine Dame)?
	como se chama?	wie heißen Sie?
	como?	wie?
	a actividade	Aktivität, Übung
2	quem é o senhor Cardoso?	wer ist Herr Cardoso?
	quem é...?	wer ist...?
	inf.: ser	
	sou eu	das bin ich
	a senhora Dona Margarida	Frau...
	Sra. D. = Senhora Dona	
	é ele	er ist es
K	é ela	sie ist es
3	o senhor é o Sr. Sousa?	sind Sie Herr Sousa?
	Sr. = senhor	
	sim	ja
	sou sim	ja, ich bin es
	muito prazer	sehr angenehm
	igualmente	gleichfalls
	a menina é a Sónia?	sind Sie Fräulein Sonja?
	não, não sou	nein, das bin ich nicht
	desculpe... como?	entschuldigen Sie..., wie bitte?
4	este é o Paulo	das ist Paulo (der hier)
	esta é a Clara	das ist Clara (die hier)
	olá	hallo!
A 3	continue...	machen Sie weiter
	inf.: continuar	
5	bom dia	guten Morgen
	como está?	wie geht es Ihnen?
	inf.: estar	sich befinden
	bem obrigado	gut danke
	obrigado, -a	danke
	mais ou menos	mehr oder weniger
	o menino como vai?	wie geht es dem Jungen?
	o menino	Junge
	ele está sempre bem	dem geht es immer gut

	sempre	immer
	bem, então adeus	gut, dann auf Wiedersehen
	então	dann also
	minha senhora	meine Dame
6	como vai?	wie geht es Ihnen?
	bem, obrigado e o Paulo?	gut, danke und selbst? (wie geht es Ihnen, Paulo?)
	estou óptimo	sehr gut, wunderbar
	óptimo, -a	wunderbar
	adeusinho	tschüs
	até logo	bis später
7	como estás?	wie geht es Dir?
	estou bem, obrigado e tu?	mir geht es gut, danke und Dir?
	como te chamas?	wie heißt Du?
K	boa noite	guten Abend
	mal	schlecht
A 5	procure a resposta certa	suchen Sie die richtige Antwort
	inf.: procurar	

UNIDADE 2

1	donde é o senhor?	woher sind Sie?
	donde é?	woher?
	sou do Porto	ich bin aus Porto
	sou de Lisboa	ich bin aus Lissabon
	e você?	und Sie? (3. Pers. Sing.)
	eu também	ich auch
K	donde és?	woher bist Du?
A 1	Estugarda	Stuttgart
	Francoforte	Frankfurt
	Florença	Florenz
	Friburgo	Freiburg
	Viena	Wien
A 2	construa frases	bilden Sie Sätze
	inf.: construir	
	a frase	Satz
2	onde fica...	wo liegt...
	inf.: ficar	
	onde?	wo?
	o Arco de Triunfo	Triumphbogen
	o Pão de Açúcar	Zuckerhut
	a Torre de Belém	Turm von Belém
	a Acrópole	Akropolis
	a Ponte D. Luís	D. Luis-Brücke
	em Bruxelas	in Brüssel

	em Londres	in London
	Atenas	Athen
	Moscovo	Moskau
	no Porto	in Porto
3	como é que te chamas?	wie heißt Du?
	como = como é que?	wie?
	mas	aber
	moro em Lisboa	ich wohne in Lissabon
	inf.: morar	wohnen
	o que fazes aqui?	was machst Du hier?
	inf.: fazer	
	o que...?	was...?
	aqui	hier
	estás de férias?	bist Du in Urlaub?
	inf.: estar	
	estou a trabalhar	ich arbeite
K	onde mora?	wo wohnen Sie? / wo wohnt er / sie?
	estou a aprender	ich lerne
	estou a falar	ich spreche
A 3	és mesmo de Florença?	stammst Du (wirklich) aus Florenz?
	mesmo	wirklich
4	estou!	hallo! (am Telefon), *wörtlich:* hier bin ich
	está lá!	hallo! (*etwa:* ist jemand dort?)
	(*Brasil:* alô!)	(Brasilien: hallo!)
	quem fala?	wer spricht dort?
	onde é que estás?	wo bist Du?
5	você é estrangeira?	sind Sie Ausländerin?
	estrangeiro, -a	Ausländer / in
	alemão, alemã	Deutscher, Deutsche
	português/esa	Portugiese, -in
	sou daqui	ich bin von hier
	com um grupo alemão	mit einer deutschen Gruppe
	um / uma	ein / eine (unbest. Art. mask. / fem.)
	já fala muito bem	Sie sprechen / er / sie spricht schon sehr gut
	inf.: falar	
	já	schon
	muito bem	sehr gut
K	espanhol / a	Spanier / in
	suíço, -a	Schweizer / in
	italiano, -a	Italiener / in
	inglês/esa	Engländer / in
	francês/esa	Franzose, Französin
A 5	austríaco, -a	Österreicher / in
	americano, -a	Amerikaner / in
	russo, -a	Russe, Russin
	grego, -a	Grieche, Griechin
	japonês/esa	Japaner / in

A 6	brasileiro, -a	Brasilianer / in
	australiano, -a	Australier / in
	peruano, -a	Peruaner / in
	jugoslavo, -a	Jugoslawe, Jugoslawin
	dinamarquês/esa	Däne, Dänin
A 7	porque está em Portugal?	weshalb sind Sie in Portugal?
	porque...?	warum...?
A 9	compreensão auditiva	Hörverständnis
T	*No café*	
	o café	Café
	este lugar está livre?	ist dieser Platz frei?
	o lugar	Platz
	livre (m./f.)	frei
	faz favor	ja, bitte sehr
	aprender a língua	die Sprache lernen
	a língua	Sprache
	ah! interessante!	wie interessant!
	onde aprende?	wo lernen Sie?
	na Cambridge School ou na Cial?	bei Cambridge oder bei Cial? (zwei Sprachschulen in Lissabon).
	com o nosso professor	mit unserem Lehrer
	é muito bom	er ist sehr gut
	bom / boa	gut
	hoje à tarde	heute nachmittag
	à tarde	nachmittags
	hoje	heute
	vamos à Feira Popular?	gehen wir zum Jahrmarkt?
	inf.: ir	
	a Feira Popular	Jahrmarkt
	não sei...	ich weiß nicht...
	inf.: saber	
	é aqui já	es ist gleich hier
	já	gleich, schon
	vamos lá!	laß uns gehen!
A 10	errado	falsch

UNIDADE 3

1	vamos tomar alguma coisa?	wollen wir etwas trinken?
	inf.: ir	
	tomar	nehmen, trinken
	alguma coisa	etwas
	boa ideia	gute Idee
	tenho uma sede...	ich habe vielleicht einen Durst...
	inf.: ter	
	vamos ao café	laß uns ins Cafe gehen!

K	vamos ao restaurante	laß uns ins Restaurant gehen!
	a discoteca	Diskothek
	não tenho tempo	ich habe keine Zeit
A 2	o teatro	Theater
	o cinema	Kino
	o snack-bar	Bar
2	o que toma?	was nehmen Sie? / was nimmt er / sie?
	eu tomo chá	ich nehme Tee
	prefiro um café	ich möchte lieber einen Kaffee
	inf.: preferir	
	bebe uma cerveja?	trinken Sie ein Bier? trinkt er / sie ein Bier?
	inf.: beber	
	uma limonada	eine Zitronenlimonade
	para mim	für mich
	um copo de leite quente	ein Glas heißer Milch
	o leite quente	heiße Milch
K	para nós	für uns
	um bagaço	Schnaps
	um chocolate	Schokolade (Getränk)
	um sumol	Limonade
	um garoto	Espresso mit Milch
	um conhaque	Weinbrand
	uma bica	Espresso
	uma laranjada	Orangenlimonade
	uma água mineral	Mineralwasser
	uma gasosa	Limonade
A 3	um sumo natural	gepreßter Saft
	um vinho verde	sehr trockener, leicht moussierender Wein
A 4	complete	vervollständigen Sie
	inf.: completar	
	um gelado	Speiseeis
	o que é que = o que?	was?
3	os números	Zahlen
A 5	o jogo	Spiel
4	faz favor!	bitte; (hier:) Herr Ober!
	hoje não há café	heute gibt es keinen Kaffee
	inf.: haver	
	a máquina não funciona	die Kaffeemaschine funktioniert nicht
	inf.: funcionar	
	só há bebidas frescas	es gibt nur kalte Getränke
	só	nur
	fresco, -a	kühl
	um leite frio	eine kalte Milch
	então, são duas cervejas	dann sind es also zwei Biere
	inf.: ser	

5	quanto é um chá?	wieviel kostet ein Tee?
	o bolo	Kuchen
	o escudo	portugiesische Währung
	os refrigerantes	Erfrischungsgetränke
	a caneca	Krug
	o carioca	Espresso mit Wasser
	o limão	Zitrone
	as aguardentes	Branntweine
	o vinho tinto	Rotwein
	o vinho branco	Weißwein
	seco, -a	trocken
	velho, -a	alt
	o pão	Brot
	a pastelaria	Gebäck
	a sandes	mit Schinken belegtes Weißbrot
	o queijo	Käse
	o croissant	Croissant
	a taça (gelado)	Becher
6	olhe!	hören Sie mal! schauen Sie mal!
	o que desejam?	was wünschen Sie? (3. Pers. Plur.)
	inf.: desejar	
	eu queria comer alguma coisa	ich möchte gern etwas essen
	inf.: querer	
	comer	essen
	temos torradas	wir haben Toast
	e para beber?	und zu trinken?
	vem já!	es kommt gleich!
	inf.: vir	
A 9	*Na casa da Ana*	
T	que surpresa!	was für eine Überraschung!
	desculpa lá	entschuldige!
	inf.: desculpar	
	queria apresentar	ich möchte vorstellen
	de dia	am Tage
	está muito só	Sie sind sehr allein
	só	*hier:* allein
	não faz mal	das macht nichts
	há tantos parques	es gibt so viele Parks
	tanto, -a	so viel
	um óptimo aperitivo	ein sehr guter Apcritiv
	tanto faz	das ist mir gleich
	o que é que vocês fazem?	was macht Ihr?
	nada	nichts
A 11	está num hotel?	ist sie / er in einem Hotel?
	as três	zu dritt

UNIDADE 4

1	casa da padeira	Haus der Bäckerin
	turismo de habitação	Tourismus mit Familienanschluß
	situada a 100 km de Lisboa	100 km von Lissabon entfernt
	perto dos monumentos	in der Nähe der Baudenkmäler
	Alcobaça e Batalha	historische Orte
	Nazaré	Fischerort
	pode apreciar a vida de uma família portuguesa	Sie können am Leben einer portugiesischen Familie teilhaben
	apreciar	schätzen
	simplesmente	einfach
	gozar	genießen
	o sol radioso da nossa terra	die strahlende Sonne unseres Landes
	temos três salas	wir haben drei Zimmer
	uma com um pequeno bar	eins mit einer kleinen Bar
	pequeno, -a	klein
	a sala de estar	Wohnzimmer
	a sala de jantar	Eßzimmer
	o quarto de casal	Schlafzimmer für zwei Personen
2	ainda há um quarto livre?	haben Sie noch ein Zimmer frei?
	queria um quarto individual	ich hätte gern ein Einzelzimmer
	para duas semanas	für zwei Wochen
	a semana	Woche
	com banho	mit Bad
	o banho	Bad
	quanto custa?	wieviel kostet es?
	a diária	pro Tag, Tagessatz
	3.800$00 = 3 contos e...	
	1.000$00 = 1 conto	
	o seu passaporte	Ihren Paß, bitte!
	aqui está!	hier ist er
K	um quarto duplo / de casal	Doppelzimmer
	um quarto com duas camas	Zweibettzimmer
	a cama	Bett
	com chuveiro	mit Dusche
	com pensão completa	mit Vollpension
	com meia pensão	mit Halbpension
	com pequeno almoço (*Brasil:* café da manhã)	mit Frühstück
A 1	há uma garagem?	gibt es eine Garage?
	a piscina	Schwimmbad
A 2	queria uma informação	ich hätte gern eine Auskunft
3	infelizmente não	leider nicht
	por pessoa	pro Person
	é um pouco caro	es ist etwas teuer
	um quarto mais barato	ein billigeres Zimmer

	serve?	ist Ihnen damit gedient?
	inf.: servir	
	aqui tem as chaves	hier sind die Schlüssel
4	a que horas podemos tomar o pequeno almoço?	um wieviel Uhr können wir frühstücken?
	inf.: poder	
	a que horas?	um wieviel Uhr?
	às 7 horas	um 7 Uhr
	até quando?	bis wann?
	têm serviço de restaurante?	haben Sie ein Restaurant?
	quando servem o jantar?	wann servieren Sie das Abendessen?
	inf.: servir	
	das 8 às 10.30	von 8 bis 10.30 Uhr
	não tem de quê	gern geschehen
K	o almoço	Mittagessen
	a partir do meio-dia	ab Mittag
5	que horas são?	wie spät ist es?
	são 2.15 (duas e um quarto)	es ist Viertel nach zwei
A 5	a que horas abre o banco?	um wieviel Uhr öffnet die Bank?
	inf.: abrir	
	o banco	Bank
	a que horas fecha?	um wieviel Uhr schließt sie?
	inf.: fechar	
	quando está aberto?	wann ist sie geöffnet?
	inf.: estar aberto	
	à hora do almoço	in der Mittagszeit
	o horário de abertura	Öffnungszeit
	a farmácia	Apotheke
	a loja	Laden
	o centro comercial	Einkaufszentrum
	o museu	Museum
6	queria fazer uma chamada para a Alemanha	ich möchte nach Deutschland telefonieren
	fazer uma chamada = telefonar	anrufen
	para onde quer telefonar?	wohin wollen Sie anrufen?
	o indicativo da Alemanha (*Brasil:* o código da…)	Vorwahl von Deutschland
7	mudar de quarto	Zimmer wechseln, umziehen
	a senhora não está contente?	sind Sie nicht zufrieden?
	barulhento, -a	laut
	tudo ocupado	alles besetzt
	amanhã fica livre o 39	morgen wird das Zimmer 39 frei
	inf.: ficar	*hier:* werden
	dá para o jardim?	liegt es zum Garten hin?
	inf.: dar para…	liegen zum…
	bonito, -a	schön
	sossegado, -a	ruhig

	confortável (m./f.)	bequem
	a televisão	Fernsehapparat, Fernsehen
	não gosto de televisão	ich mag kein Fernsehen
	inf.: gostar de	
K	está contente com o quarto?	sind Sie zufrieden mit dem Zimmer?
A 8	moderno, -a	modern
	grande (m./f.)	groß
A 9	a cabine	Telefonzelle
	o director não está	der Direktor ist nicht da
	podem ficar ainda 3 noites	Sie können noch drei Nächte bleiben
	chamo um táxi	ich rufe ein Taxi
	inf.: chamar	
8	apartamento aluga-se	Wohnung zu vermieten
	inf.: alugar	
	Agosto e Setembro	August und September
	vivenda aluga-se	Haus zu vermieten
	meses Julho–Agosto	Monate Juli–August
	o mês	Monat
	bem mobilado, -a	gut möbliert
	a casa de banho	Badezimmer
	a cozinha	Küche
	os terraços	Veranden
	a vista panorâmica	schöne Aussicht
A 10	a praia	Strand
	o centro	Zentrum
	a aldeia de pescadores	Fischerdorf
A 11	uma carta	Brief
	prezados senhores	sehr geehrte Herren
	atenciosamente	hochachtungsvoll
A 12	o diálogo	Dialog
	estou a fazer um filme	ich drehe gerade einen Film
	num lugar íntimo	an einem gemütlichen Ort
	o lugar	Ort
A 13	*Aluga-se*	
T	aluga-se	zu vermieten
	o casal	Ehepaar
	a criança	Kind
	procuramos apartamento	wir suchen eine Wohnung
	para quando?	für wann?
	o sofá-cama	Bettcouch
	então não há problema	dann gibt es kein Problem
	pois é... mas...	ja schon..., aber...
	gosto de sossego e conforto	ich mag Ruhe und Komfort
	querem ver...?	wollen Sie... ansehen?
	que bonito!	wie schön!
	que bela vista!	was für eine schöne Aussicht!

	belo, -a	schön
	normalmente	normalerweise
	dar a resposta	Antwort geben
	inf.: dar	
	obrigado eu	ich habe zu danken
A 15	fazer campismo	Camping machen
	ir de férias	in Urlaub gehen / fahren
	achar da alternativa	von der Alternative halten

UNIDADE 5

1	qual é o eléctrico para ...?	welche ist die Straßenbahn zu / nach ...?
	o eléctrico	Straßenbahn
	a Basílica	Kathedrale
	Estrela	Stadtteil Lissabons
	onde é a paragem, sabe?	wissen Sie, wo die Haltestelle ist?
	inf.: saber	
	a paragem	Haltestelle
	é ali em frente	sie / er / es ist dort gegenüber
K	o metro	U-Bahn
	o autocarro	Autobus
	a estação	Bahnhof
	não sei	ich weiß es nicht
2	a caderneta de módulos	Fahrscheinheft
3	onde tenho que descer?	wo muß ich aussteigen?
	inf.: ter que	
	na quarta paragem	an der vierten Haltestelle
	no largo ...	am ...-Platz
K	onde tenho que sair?	(hier) wo muß ich aussteigen?
	sair	ausgehen
	primeiro, -a	erster, erste
	segundo, -a	zweiter, zweite
A 2	terceiro, -a	dritter, dritte
4	aqui perto	hier in der Nähe
	na rua...	in der Straße...
	a segunda rua à esquerda	die zweite Straße links
K	há uma pastelaria aqui perto?	gibt es eine Konditorei hier in der Nähe?
	à direita	rechts
A 3	a avenida	Allee
	a praça	Platz
	a travessa	Gasse
	o correio	Post
	o Turismo	Fremdenverkehrsbüro
	o parque de estacionamento	Parkplatz

	a tabacaria	Tabakladen
	o supermercado	Supermarkt
A 4	visitar	besuchen
	peça informações	bitten Sie um Auskünfte
	inf.: pedir	
	um transeunte	Passant
	o Jardim Botânico	Botanischer Garten
	toma a primeira rua	nehmen Sie die erste Straße
	é no meio da praça	sie ist in der Mitte des Platzes
	o meio	Mitte
	Anedota	
	entra no eléctrico	steigt in die Straßenbahn ein
	inf.: entrar	
	está cheio	sie ist voll
	cheio, -a	voll
	admirada pergunta	erstaunt fragt sie
	inf.: perguntar	
	admirado, -a	erstaunt
	um cavalheiro	Kavalier
	perdão, minha senhora	entschuldigen Sie, meine Dame
	o que não há...	was es nicht gibt...
5	é longe?	ist das weit?
	é muito perto	das ist sehr nah
	ao lado do teatro	neben dem Theater
	a pé, são 10 minutos	zu Fuß sind es 10 Minuten
	um selo para a França	eine Briefmarke nach Frankreich
	para carta ou postal?	für Brief oder Postkarte?
	o postal	Postkarte
K	em frente ao/do Turismo	gegenüber der Touristenauskunft / dem Fremdenverkehrsbüro
	atrás do cinema	hinter dem Kino
A 5	olhe a planta da cidade	schauen Sie auf den Stadtplan
	inf.: olhar	
	a planta	Plan
	a cidade	Stadt
	está na esquina...	Sie sind an der Ecke...
A 6	a mesma planta da cidade	den selben Stadtplan
	mesmo, -a	selber
A 7	não conhece nada	Sie kennen nichts
	inf.: conhecer	
	quer ver o castelo de São Jorge	Sie wollen die St.-Georgs-Burg sehen
	a Sé	Dom
6	ora... primeiro vão por esta rua sempre em frente	also... zuerst gehen Sie diese Straße immer geradeaus
	passam pelo monumento	Sie gehen an dem Denkmal vorbei
	inf.: passar por	

	atravessam a Pr. do Rossio	Sie überqueren den Rossio-Platz
	inf.: atravessar	
	pois bem, viram na primeira...	na schön, Sie biegen in die erste... ein
	inf.: virar	
	continuam sempre em frente	Sie gehen immer weiter geradeaus
	inf.: continuar	
	até à praça	bis zum Platz
K	depois	danach
A 8	o amigo	Freund
	exactamente	gerade
	a papelaria	Papierwarengeschäft
	a cervejaria	Bierlokal
	a Câmara Municipal	Rathaus
	a Igreja do Carmo	Karmelitenkirche
A 9	a Clara vem do trabalho	Clara kommt von der Arbeit
	inf.: vir	
	vem de autocarro	sie kommt mit dem Bus
A 10	*O 24 de Junho nas ruas do Porto*	
T 1	24 de Junho	24. Juni
	quase	fast
	meu Deus, tanta gente!	mein Gott, so viele Leute!
	é sempre assim!	es ist immer so
	o que é isto?	was ist das?
	isto é um alho-porro	das ist eine Knoblauchblüte
	para que é?	wozu?
	bater com ele na cabeça desta menina	diesem Mädchen damit auf den Kopf schlagen
	levemente	leicht
	a menina tão simpática	ein so sympathisches Mädchen
	simpático, -a	sympathisch
	tu és maluco?	bist du verrückt?
	um gesto de simpatia	eine Sympathiegeste
	isso não sei	das weiß ich nicht
	é tradição	es ist Tradition
	um polícia	ein Polizist
	uma noite muito especial	eine ganz besondere Nacht
	especial (m./f.)	speziell, außergewöhnlich
	a rua é do povo	die Straße gehört dem Volk
	o povo	Volk
	já não circula um carro	es fährt kein einziges Auto mehr
	inf.: circular	
	já não	nicht mehr
	na Baixa	in Baixa (Stadtteil von Porto)
	não interessa	es interessiert nicht, es ist nicht wichtig
	inf.: interessar	
	cantar	singen
	dançar	tanzen
	passar a noite na rua	die Nacht auf der Straße verbringen

	que perfume!	welch ein Duft!
	o manjerico	Majoran
A 12	esta festa	dieses Fest
	típico, -a	typisch
	nesta noite	in dieser Nacht
A 13	ficar em casa	zu Hause bleiben
A 14	um dia em que…	ein Tag, an dem…
	comunicativo, -a	kommunikativ
	eufórico, -a	euphorisch
	nesse dia	an diesem Tag
T 2	*Andar de guna*	
	andar de guna	Trittbrett fahren
	os putos	kleine Jungen
	o meio de transporte preferido	bevorzugtes Verkehrsmittel
	certos miúdos	gewisse Jungen
	nomeadamente	nämlich
	o Verão	Sommer
	usar	benutzen
	frequentemente	oft
	as plataformas	Plattformen
	para poder passar…	um verbringen …zu können
	às vezes	manchmal
	eles pagam caro	sie bezahlen teuer
	inf.: pagar	
	aventureiro	abenteuerlich
	cair	fallen, hinfallen
	ser atropelados	überfahren werden
	o carro que…	das Auto, das…

UNIDADE 6

1	a tia	Tante
	o tio	Onkel
	para jantar	zum Abendessen
	o que vais fazer?	was wirst Du machen?
	que tal…?	wie wäre es mit…?
	uma carne de porco à alentejana	Schweinefleisch nach Alentejo-Art (Alentejo, Provinz in Südportugal)
	a carne	Fleisch
	o meu prato preferido	mein Lieblingsgericht
	é preciso comprar alguma coisa?	muß man etwas einkaufen?
	é preciso	es ist notwendig
	as amêijoas	Muscheln
	as batatas	Kartoffeln
	o óleo	Öl
	os pimentos	Paprika

	falta óleo	es fehlt Öl
	inf.: faltar	
A 1	você vai fazer compras	Sie gehen einkaufen
	inf.: ir fazer compras	einkaufen gehen
	o sal	Salz
	géneros alimentícios	Lebensmittel
	o caldo	Suppe
	a massa de tomate	Tomatenmark
	o azeite	Olivenöl
	a manteiga	Butter
	a margarina	Margarine
	o arroz	Reis
	a farinha	Mehl
	o frango	Hähnchen
	o ovo	Ei
	o peixe	Fisch
	as verduras	Gemüse
	a fruta	Obst
	o açúcar	Zucker
	o licor	Likör
	o doce	Süßspeise
A 2	cantar no coro	im Chor singen
Z	o talho	Schlachterei, Metzgerei
	a mercearia	Krämerladen
	a padaria	Bäckerei
2	um quilo de lombo de porco	ein Kilo Schweinefilet
	a carne de bife	Steakfleisch
	tenro, -a	zart
	tenríssimo, -a	sehr zart
	então dê-me 4 bifes	dann geben Sie mir 4 Steaks
	inf.: dar	
K	4 bifes de vaca	4 Rindersteaks
A 3	finalmente	zuletzt
3	uma lata de azeite	eine Büchse Olivenöl
	250 gramas de fiambre	250 Gramm gekochter Schinken
	e que mais?	und was noch?
	5 fatias finas de presunto	5 dünne Scheiben roher Schinken
	a fatia	Scheibe
	fino, -a	dünn
	o presunto	roher Schinken
	o quilo	Kilo
	meio quilo de uvas	ein Pfund Weintrauben
	as uvas	Weintrauben
A 4	o que é que vai comprar?	was werden Sie kaufen?
	1 litro = 1 L	Liter
	a garrafa	Flasche

	a carne picada *(Brasil:* carne moída)	Hackfleisch
	o chouriço	pikante Paprikawurst
	o pão de centeio	Roggenbrot
4	os melões são doces?	sind die Melonen süß?
	o melão	Melone
	doce (m./f.)	süß
	são uma delícia	sie sind ein Genuß
	estão bem maduros	sie sind sehr reif
	maduro, -a	reif
	levo só um quilo de feijão verde *inf.:* levar	ich nehme nur ein Kilo grüne Bohnen mit
	a alface	Salat
	preciso de uvas *inf.:* precisar	ich brauche Weintrauben
	mas essas não	aber diese da nicht
	esse, essa	dieser, diese, dieses
	aquelas, as pretas	die dort, die blauen
	aquele, -a	derjenige / diejenige dort
	preto, -a	schwarz
A 5	magro, -a	mager
	repita *inf.:* repetir	wiederholen Sie
A 6	são de primeira qualidade	sie sind erster Qualität
	o queijo da Serra	Gebirgskäse
A 7	perto do vendedor	in der Nähe des Verkäufers
	a melancia	Wassermelone
	a maçã	Apfel
	virgem	hier: kaltgepreßt
A 8	palavras cruzadas	Kreuzworträtsel
	a palavra	Wort
A 9	fresquinho, -a	ganz frisch
	mais alguma coisa?	noch was?
	ao todo	insgesamt
5	é fácil	es ist leicht
	a colher de sopa	Eßlöffel
	a sopa	Suppe
	o colorau doce	Paprika edelsüß
	o pimento vermelho	roter Paprika
	vermelho, -a	rot
	a pimenta	Pfeffer
	3 gotas de piri-piri	3 Tropfen Piri-Piri
	a gota	Tropfen
	a folha de louro	Lorbeerblatt
	o louro	Lorbeer
	5 dentes de alho	5 Knoblauchzehen

	o dente	hier: Zehe (*wörtl.:* Zahn)
	a banha	Schmalz
	a salsa	Petersilie
	cortar a carne em cubos	das Fleisch in Würfel schneiden
	o cubo	Würfel
	temperar com os alhos pisados	mit gepreßtem Knoblauch würzen
	pisado, -a	gepreßt
	temperar	würzen
	pimento cortado	Paprika, in Stücke geschnitten
	deixar ficar assim	so stehenlassen
	fritar a carne	das Fleisch braten
	lavar bem as amêijoas	die Muscheln gut waschen
	juntar	hinzufügen
	deixar cozer ainda 10 minutos	noch 10 Minuten kochen lassen
	provar	abschmecken
	batatinhas fritas em cubos	in Würfel geschnittene Pommes frites
	temperado, -a	gewürzt
	o vinagre	Essig
A 11	este prato simples	dieses einfache Gericht
	rápido e apetitoso	schnell und schmackhaft
	costeletas de porco	Schweinekoteletts
	com batatas cozidas	mit gekochten Kartoffeln
	com rosmaninho	mit Rosmarin
A 12	*Comer e beber*	
T	viva Margarida!	grüß Dich, Margarida!
	vamos almoçar juntos?	gehen wir zusammen mittagessen?
	nunca	nie
	é para manter a linha?	wegen der schlanken Linie?
	inf.: manter	halten
	duas vezes por dia	zweimal am Tag
	um prato	Gang
	a sobremesa	Nachtisch
	o/a colega	Kollege, -in
	vão à cantina	sie gehen in die Kantine
	petiscar	naschen (Imbiß einnehmen)
	o que é que tu chamas petiscar?	was nennst du naschen?
	o croquete	Krokette
	o cachorro quente	„hot dog“
	...e pronto	und fertig
	pois olha...	also...
	com ambiente bem familiar	in einer gemütlichen Atmosphäre
	à mesa	auf dem / bei Tisch
	claro	natürlich
	durante o almoço	während des Essens
	falam de comida	sie sprechen vom Essen
	a comida	Essen
	nem sempre	nicht immer
	quando	wenn; als
	à tua mãe	deine Mutter

	gostam de contar	sie erzählen gern
	fazer feijoada	Bohneneintopf machen
	o bacalhau	Stockfisch
	logo bacalhau, que eu não gosto nada	ausgerechnet „bacalhau", den ich überhaupt nicht mag
	regado com azeite	mit Olivenöl übergossen
	a cozinha... é até simples	die Küche ist im Grunde einfach
	de uma maneira deliciosa	auf eine köstliche Art
	as ervas frescas	frische Kräuter
	comemos demais	wir essen zu viel
	o pronto a comer	Fertiggerichte (Fast Food)
	uma forma de conviver	eine Art von Geselligkeit
	por exemplo	zum Beispiel
	faço muitos negócios à mesa	ich schließe viele Geschäfte beim Essen ab
	resolvo problemas	ich löse Probleme
	inf.: resolver	
	o problema	Problem
	o beijo	Kuß
	bom apetite!	guten Appetit!
Z	são servidos?	möchten Sie?
A 13	diariamente	täglich
	depois de	nach... (zeitlich)
	o outro, os outros	der andere, die anderen
A 14	no seu país	in Ihrem Land
	o tipo de restaurante	Art von Restaurant
A 15	viver	leben

UNIDADE 7

1	Irene tem 30 anos	Irene ist 30 Jahre alt
	o marido	Ehemann (*hier:* ihr Mann)
	a secretaria de uma escola	Sekretariat einer Schule
	o aeroporto	Flughafen
	eles têm dois filhos	sie haben zwei Kinder
	os filhos	Kinder
	o dia-a-dia	Alltag, tägliches Leben
	eu levanto-me	ich stehe auf
	inf.: levantar-se	
	da manhã, de manhã	morgens
	acordo as crianças	ich wecke die Kinder
	inf.: acordar	
	lavo-me	ich wasche mich
	inf.: lavar-se	
	visto-me depressa	ich ziehe mich schnell an
	inf.: vestir-se	
	e logo depois	und kurz danach

	saímos de casa	wir gehen aus dem Haus (verlassen)
	inf.: sair	
	o meu marido leva as crianças à escola	mein Mann bringt die Kinder zur Schule
	inf.: levar	
	às oito e meia em ponto	um Punkt halb neun
	começo a trabalhar	ich fange an zu arbeiten
	inf.: começar	
	para não perder tempo	um keine Zeit zu verlieren
	de tarde	nachmittags, am Nachmittag
	outra vez	nochmals
	termino o trabalho	ich höre zu arbeiten auf
	inf.: terminar	
	no caminho para casa	auf dem Weg nach Hause
	quando chego a casa	wenn ich zu Hause ankomme
	inf.: chegar	
	as crianças já voltaram	die Kinder sind schon zurückgekommen
	inf.: voltar de...	zurückkommen aus
	eu entretenho-me com elas	ich unterhalte mich mit ihnen
	inf.: entreter-se	
	descanso um pouco	ich ruhe mich ein wenig aus
	inf.: descansar	
	mais ou menos às 9 horas	gegen 9 Uhr
	ajuda-me um pouco a arrumar a cozinha	hilft mir ein bißchen, die Küche aufzuräumen
	inf.: ajudar	
	arrumar	aufräumen
	e só quando...	und erst, wenn...
	sento-me a conversar	ich setze mich hin und unterhalte mich
	inf.: sentar-se	
	lá pela meia-noite	um Mitternacht herum
	vamos para a cama	wir gehen ins Bett
2	ontem	gestern
	telefonei para tua casa	ich habe bei dir angerufen
	pra = para	
	várias vezes	mehrmals
	não encontrei ninguém	ich habe niemanden erreicht
	inf.: encontrar	
	escrevi cartas	ich habe Briefe geschrieben
	inf.: escrever	
	li um pouco	ich habe ein wenig gelesen
	inf.: ler	
A 3	cozinhar	kochen
A 4	jogar cartas	Karten spielen
	jogar ténis	Tennis spielen
	jogar futebol	Fußball spielen
	comer fora	außerhalb essen
	ler o jornal	die Zeitung lesen

3	então, essas férias?	na (wie waren denn) diese Ferien?
	fiquei por cá	ich bin hiergeblieben
	umas belas férias	schöne Ferien
	a minha mulher	meine Frau
	visitar a família dela	ihre Familie besuchen
	os meus pais	meine Eltern
	aí trabalhei nas vindimas	dort habe ich bei der Weinlese gearbeitet
	trabalhar nos campos	auf den Feldern arbeiten
	coisas frescas da horta	Frisches vom Gemüsegarten
A 6	pescar	angeln
A 7	dele, dela	von ihm/ihr
	a bicicleta	Fahrrad
	o filho, a filha	Sohn, Tochter
A 8	teu	dein
	vosso	euer
	o pai	Vater
A 9	na portaria dum hotel	an der Rezeption eines Hotels
	conversa entre amigos	Gespräch zwischen Freunden
4	nasceu em Lisboa	er wurde in Lissabon geboren
	inf.: nascer	
	no ano de...	im Jahr...
	com a idade de 5 anos	im Alter von fünf Jahren
	a mãe casou-se... com o cônsul	die Mutter hat ... den Konsul geheiratet
	inf.: casar-se	
	o futuro poeta	der künftige Dichter
	regressou a Lisboa	er kehrte nach Lissabon zurück
	inf.: regressar	
	definitivamente	für immer
	aí frequentou o Curso Superior de Letras	dort hat er Literatur studiert
	o correspondente em inglês	Englisch-Korrespondent
	firmas comerciais	Handelshäuser
	a firma comercial	Firma
	publicou poemas ingleses	er veröffentlichte Gedichte in Englisch
	inf.: publicar	
	o poema	Gedicht
	surgiu o seu único livro	erschien sein einziges Buch
	publicado em vida	zu Lebzeiten veröffentlicht
	inf.: surgir	
	publicado, -a	veröffentlicht
	a vida	Leben
	depois da morte	nach dem Tod
	a morte	Tod
	descobriu a sua obra	(Portugal) entdeckte sein Werk
	inf.: descobrir	
	morreu	er starb
	inf.: morrer	

A 10	o que é que aconteceu?	was ist geschehen?
	inf.: acontecer	
A 12	um cantor de protesto	Protestsänger
	estudar História e Filosofia	Geschichte und Philosophie studieren
	fazer oposição	Widerstand leisten
	a ditadura	Diktatur
	através de	durch
	a militância política	politisches Engagement
	a canção, as canções	Lied, Lieder
	a vila	kleine Stadt
	moreno, -a	braun
	o sinal de partida	Startsignal
	a revolução	Revolution
	o dinheiro	Geld
	os pobres	die Armen
	completamente pobre	völlig verarmt
A 13	ouça	hören Sie
	inf.: ouvir	
	o que cada pessoa diz	was jeder sagt
	inf.: dizer	
	cada pessoa	jeder
	o que entenderam	was Sie verstanden haben
	inf.: entender	
T	*O que somos e para onde vamos*	
	jornalista e advogada	Journalistin und Rechtsanwältin
	várias capitais	verschiedene Hauptstädte
	a capital	Hauptstadt
	o Mercado Comum	Gemeinsamer Markt
	antes de viajar	vor der Abreise
	como cidadã comunitária	als EG-Bürgerin
	o mundo novo	neue Welt
	o que espero desta viagem?	was ich von dieser Reise erwarte?
	inf.: esperar	
	fazer contactos	Kontakte knüpfen
	falar sobre nós	über uns sprechen
	o fado	Fado, Schicksal
	Alfama	früheres arabisches Viertel in Lissabon
	o operário	Arbeiter
	ela faz limpezas	sie ist Putzfrau
	a limpeza	Reinigung
	de vez em quando	ab und zu
	voltar	zurückkehren
	depois da reforma	nach meiner Pensionierung
	o camponês	Bauer
	a terra dá trigo	die Erde gibt Weizen
	chega para alimentar a família	es reicht, um die Familie zu ernähren
	vender	verkaufen
	é uma vida dura	es ist ein hartes Leben
	ficar no campo	auf dem Lande bleiben

A 14	o texto	Text
	a fotografia	Foto
	relacionar com a fala	in Verbindung mit der Rede bringen
A 15	a profissão, -ões	Beruf
	o jovem	junger Mann
	evitar	vermeiden

UNIDADE 8

1	a malta	Clique
	no Londres está a correr um filme	im Kino London läuft ein Film
	é que eu... tenho que ir buscar a minha namorada	nur... muß ich meine Freundin abholen
	ir buscar	abholen
	a namorada	das Mädchen, mit dem man geht
	o filme acaba às onze e meia	der Film ist um 11.30 Uhr zu Ende
	inf.: acabar	
	a malta leva-te	die Clique bringt dich hin
	inf.: levar	
	vocês levam-me mesmo?	bringt ihr mich wirklich hin?
K	está a dar um filme	ein Film läuft
	no fim de semana	am Wochenende
	podíamos fazer uma excursão	wir könnten einen Ausflug machen
	vamos dar um passeio	laß uns einen Spaziergang machen
A 2	qual é a possibilidade?	welche Möglichkeit gibt es?
	desde o ano passado	seit letztem Jahr
	nós precisamos de falar com vocês	wir müssen mit euch sprechen
	pastéis de bacalhau	Stockfisch-Kroketten
	o pastel	Krokette
	o festival de jazz	Jazzfestival
A 3	escolha o programa	suchen Sie sich das Programm aus
	inf.: escolher	
A 4	o telejornal	Tagesschau
	no canal 1	im ersten Programm
2	não queres fazer um piquenique na quarta-feira que é feriado?	willst du nicht am Mittwoch ein Picknick machen, da ist Feiertag?
	que pena!	wie schade!
	tenho o aniversário de um amigo, que faz 40 anos	ich habe den Geburtstag eines Freundes, der vierzig Jahre alt wird
	fazer anos / ter aniversário	Geburtstag haben
	não posso faltar	ich darf nicht fehlen
	inf.: poder	*hier:* dürfen
	fica para sábado	verschieben wir es auf Sonnabend (*wörtl.:* es bleibt für Sonnabend)

	inf.: ficar para…	
	telefono-te depois	ich rufe dich später an
K	estou muito ocupado	ich bin sehr beschäftigt
	com muito gosto	sehr gerne
A 5	que tal, terça-feira?	wie wäre es mit Dienstag?
	a agenda	Taschenkalender
	tem 5 compromissos	sie haben 5 Termine
	o compromisso	Verpflichtung
	a lição de dança	Tanzunterricht
	o dentista	Zahnarzt
	a ginástica	Gymnastik
	combine um dia na semana	machen Sie einen Tag in der Woche aus
	inf.: combinar	
	a segunda (-feira)	Montag
	a terça (-feira)	Dienstag
	a quarta (-feira)	Mittwoch
	a quinta (-feira)	Donnerstag
	a sexta (-feira)	Freitag
	o sábado	Sonnabend
	o domingo	Sonntag
A 6	o disco	Schallplatte
3	Janeiro	Januar
	Fevereiro	Februar
	Março	März
	Maio	Mai
	Outubro	Oktober
	Novembro	November
	Dezembro	Dezember
A 7	o calendário de aniversários	Geburtstagskalender
A 8	consultar	nachschlagen
	a 12 de Junho	am 12. Juni
4	foi muito divertido	er war sehr lustig
	durou até às duas horas	er hat bis zwei Uhr gedauert
	inf.: durar	
	aquele que namorou a tua irmã	derjenige, der mal mit deiner Schwester gegangen ist
	inf.: namorar	
	eu já não vejo esse homem	ich habe den Mann nicht mehr gesehen
	há quinze anos	seit fünfzehn Jahren
	gordo, -a	dick
	careca (m./f.)	glatzköpfig
	está casado?	ist er verheiratet?
	casado, -a	verheiratet
K	chato	langweilig
	horrível (m./f.)	schrecklich
	mau (m.), má (f.)	schlecht, böse

A 9	uma personalidade conhecida	eine bekannte Persönlichkeit
	escolhido, -a	ausgewählt
A 10	o bébé	Baby
	o rapaz	Junge
	quem traz as bebidas?	wer bringt die Getränke?
	inf.: trazer	
	a rapariga	Mädchen
	cedo	früh
	a tempo	pünktlich
A 11	a história	Geschichte
	convidar	einladen
A 12	leia a frase seguinte	lesen Sie den folgenden Satz
	que conclusões pode tirar?	welche Schlußfolgerungen können Sie ziehen?
	tranquilo, -a	ruhig, in Ruhe
	peço um pouco de tranquilidade	ich bitte um ein bißchen Ruhe
	inf.: pedir	
5	no próximo sábado	nächsten Sonnabend
	está combinado	es ist abgemacht
	a gente	wir
	sei lá	was weiß ich
	eu levo então um franguinho	ich bringe dann ein Hähnchen mit
	os homens compram a fruta	die Männer kaufen Obst
	o homem, os homens	der Mann, die Männer
	onde é que a gente se encontra?	wo treffen wir uns?
	inf.: encontrar-se	
	à saída da ponte	am Ende der Brücke
	é melhor	es ist besser
A 13	a exposição	Ausstellung
	a boîte	Tanzlokal
	a Feira da Ladra	Flohmarkt
	a galeria	Kunstgalerie
A 14	logo	sofort
	um filme tão brutal	so ein brutaler Film
	vem cá	komm hierher!
A 15	há quanto tempo?	wie lange her?
	daqui a (a cinco minutos)	in (= Ende einer Zeitspanne)
A 16	Brasileiro estuda o samba	Brasilianer erforscht den Samba
	inf.: estudar	studieren, forschen
	discuta com mais dois colegas	diskutieren Sie mit zwei Kollegen
	inf.: discutir	
	significar	bedeuten
	o título	Titel
	algo tipicamente brasileiro	etwas typisch Brasilianisches
	ter a ver com	zu tun haben mit
A 17	agora	jetzt

T	*Brasileiro estuda o samba em Lisboa*	
	o compositor	Komponist
	neste momento	gegenwärtig, augenblicklich
	ele promete ser um talento da música popular	er ist ein vielversprechendes Talent der populären Musik
	na zona Norte do Rio	im Norden von Rio
	o berço do samba	Wiege des Samba
	uma recolha de todas as escolas de samba	eine Aufstellung aller Sambaschulen
	em nada são inferiores às brasileiras	stehen den brasilianischen in nichts nach
	inferior (m./f.)	unterlegen, geringer
	é uma sensação óptima	es ist ein wunderbares Gefühl
	bonito, -a	schön, hübsch
	o número é cada vez maior	die Zahl nimmt ständig zu
	o ideal seria...	das Ideal wäre...
	deixar desfilar	vorbeiziehen lassen
	no próximo Carnaval	beim nächsten Karneval
	aliás	übrigens
	nós pensamos...	wir denken daran, wir haben vor...
	inf.: pensar	
	sugerir essa ideia à Câmara de Lisboa	diese Idee der Stadtverwaltung von Lissabon vorschlagen
	o fenómeno da importação da cultura brasileira	das Phänomen der Einfuhr der brasilianischen Kultur
	fantástico, -a	großartig
	voltar às origens	zu den Ursprüngen zurückkehren
	visto que foram os portugueses que levaram os negros para o Brasil	da es ja die Portugiesen waren, die die Schwarzen nach Brasilien gebracht haben
	a música africana	afrikanische Musik
	a raíz do samba	die Wurzel des Samba
	no mundo inteiro	in der ganzen Welt
	a importância	Wichtigkeit, Bedeutung
	a introdução	Einführung
	que Portugal não exporta	daß Portugal nicht exportiert
	inf.: exportar	
	não tenho nada contra este tipo de música	ich habe nichts gegen diese Art von Musik
	não é genuinamente brasileira	sie ist nicht ursprünglich brasilianisch
A 18	mais uma vez	noch einmal
	a ajuda	Hilfe
A 19	amigos que costumam dançar	Freunde, die zu tanzen pflegen
	inf.: costumar	eine Gewohnheit pflegen
A 20	mostrar	zeigen
	na sua opinião	Ihrer Meinung nach
	o tempo livre	Freizeit
	o «hobby», ocupa todo o seu tempo livre	Ihr Hobby nimmt Ihre ganze Zeit in Anspruch
	inf.: ocupar	

UNIDADE 9

1	o clima	Klima
	húmido, -a	feucht
	o Inverno	Winter
	chuvoso, -a	regnerisch
	nas regiões montanhosas	in den Bergregionen
	montanhoso, -a	gebirgig
	neva	es schneit
	inf.: nevar	
	temperado, -a	mild, gemäßigt
K	o Outono	Herbst
	a Primavera	Frühling
2	sem dúvida	zweifellos
	chove menos	es regnet weniger
	inf.: chover	
	são aguaceiros rápidos, não é?	es sind kurze Schauer, nicht wahr?
	é chuva contínua	es ist Dauerregen, nicht wahr?
	a chuva	Regen
	contínuo, -a	dauernd, fortgesetzt, durchgehend
A 2	comparar alguns aspectos	einige Aspekte vergleichen
	o mar	das Meer
	o preço	Preis
	o ritmo da vida	Lebensrhythmus
	limpo, -a	sauber
	poluído –a	verschmutzt
	baixo, -a	niedrig
	alto, -a	hoch
	formal (m./f.)	förmlich
	reservado, -a	zurückhaltend
	numeroso, -a	zahlreich
	frequentado, -a	vielbesucht
	lento, -a	langsam
3	eu gostava de ir	ich würde gern gehen
	faz sol	es ist sonnig
	faz calor	es ist warm
	além disso	außerdem, dazu
	o pinheiral	Pinienwald
	a cidade antiga	alte Stadt
	antigo, -a	alt, historisch
	o vento Norte	Nordwind
	o mar bravíssimo	sehr rauhes Meer
	bravo, -a	wild
	eu preciso de relaxar	ich muß mich entspannen
K	como está o tempo?	wie ist das Wetter?
	está sol / faz sol	die Sonne scheint
	está frio / faz frio	es ist kalt

	está vento / faz vento	es ist windig
	queria tanto passar férias	ich möchte so gern Ferien verbringen
	no estrangeiro	im Ausland
	necessito de sol	ich muß Sonne haben
	inf.: necessitar	benötigen
	tenho necessidade de	ich habe das Bedürfnis, zu
	inf.: ter necessidade	das Bedürfnis haben
A 3	noutra cidade	in einer anderen Stadt
	noutro, -a	in einem / einer anderen
	falam disto e daquilo	sie reden über dies und das
	entre outras coisas	unter anderem
A 4	alugar um grupo de músicos	eine Band engagieren
	receber telefonemas	Anrufe bekommen
	o telefonema	(Telefon)anruf
A 6	compare-se	vergleichen Sie sich
	inf.: comparar-se	
4	de que linha parte?	von welchem Gleis fährt er ab?
	inf.: partir	
	a linha	Gleis
A 7	a tabuleta	Anzeigetafel
	a chegada	Ankunft
A 8	quais são as palavras que se referem a ...?	welche Wörter beziehen sich auf ...?
	inf.: referir-se	
	tarifas especiais	Sondertarife
	a compra de bilhetes	Fahrkartenkauf
	o expresso	Expreßzug
	uma redução de 50 %	eine Ermäßigung von 50 %
	o bilhete de ida e volta	(Hin- und) Rückfahrkarte
	os períodos verdes	rosa Zeiten (*wörtl.:* grün)
	verde (m./f.)	grün
	o cartão jovem	Jugendpaß
	o rápido Porto-Lisboa	der Schnellzug Porto-Lissabon
	o passageiro	Fahrgast
	válido por um mês	einen Monat gültig
	o cartão de família	Familienpaß
	o directo Lisboa-Porto	Eilzug Lissabon-Porto
	o bilhete simples	einfache Fahrkarte
5	da noite para o dia	über Nacht (*wörtl.:* von Nacht zu Tag)
	a CP faz-lhe a seguinte proposta	die CP (Portugiesische Eisenbahn) macht Ihnen folgendes Angebot
	apanhe o comboio	nehmen Sie den Zug
	inf.: apanhar	
	tratar dos seus negócios	sich um Ihre Geschäfte kümmern
	o tempo é todo seu	die Zeit gehört ganz Ihnen
	pode passá-lo	Sie können sie (die Zeit) verbringen

	dormir	schlafen
	à sua disposição	zu Ihrer Verfügung
	na maior privacidade	ganz für sich
	Caminhos de Ferro Portugueses	Portugiesische Eisenbahn
6	qual é a diferença?	wo ist da der Unterschied?
	pagar suplemento e reservar lugar	den Zuschlag zahlen und einen Platz reservieren
A 10	nas 3 situações diferentes	in den 3 verschiedenen Situationen
	consulte o horário	sehen Sie auf dem Fahrplan nach
	inf.: consultar	nachsehen
	parar em Coimbra	in Coimbra (an)halten
A 11	atenção Srs. passageiros!	Achtung! Achtung!
	ouça os avisos	hören Sie die Durchsagen
	inf.: ouvir	
	a hora certa	genaue Uhrzeit
	o avião	Flugzeug
A 12	para ir esquiar	um Skizulaufen
	para ir à Inglaterra	um nach England zu fahren
	Anedota brasileira	
	para pedir uma informação	um eine Auskunft zu erbitten
	quanto tempo leva um voo?	wie lange dauert ein Flug?
	um minutinho	einen Augenblick
	puxa!	Donnerwetter!
A 13	*A partida*	
T 1	o mais depressa possível	so schnell wie möglich
	tenho medo de perder o comboio	ich habe Angst, den Zug zu verpassen
	inf.: ter medo de	Angst haben vor etwas
	na hora de ponta	in der Hauptverkehrszeit
	vamos pela marginal	lassen Sie uns die Uferstraße nehmen
	o bagageiro	Gepäckträger
	ele está com atraso	er hat Verspätung
	acalme-se	beruhigen Sie sich
	inf.: acalmar-se	
	qual é a carruagem?	welcher Wagen?
	devagar	langsam
	o beliche	Liegeplatz
	acima da tabela	über den Tarif hinaus
	acima de	über
	o que a Sra. quiser dar	was Sie geben möchten
A 14	quais afirmações	welche Behauptungen
	a afirmação	Behauptung
	o resultado	Ergebnis
	o trânsito	Verkehr
	sozinho, -a	allein
	a bagagem	Gepäck
A 15	novamente	wieder
	ela não diz... mas sim...	sie sagt nicht..., sondern...

	o comboio está atrasado	der Zug hat Verspätung
	com calma	in Ruhe
A 17	imaginar	sich vorstellen
	em que estação do ano	in welcher Jahreszeit
T 2	*27 horas no «Sud-Express»*	
	a gare = a estação de caminho de ferro	Bahnhof
	desde a madrugada	seit dem frühen Morgen
	o falar dominante	die vorherrschende Sprache
	pagaste suplemã = pagaste suplemento?	(Redeweise portugiesischer Emigranten in Frankreich)
	«cuchetas» está tudo completo	Liegewagen sind alle besetzt
	cucheta = couchette/beliche	Liegewagen
	«avança pra frente»	geh weiter vor
	inf.: avançar	
	insiste um terceiro	drängt ein dritter
	inf.: insistir	
	o companheiro	Kamerad
	com malas e garrafões	mit Koffern und Korbflaschen
	a mala	Koffer
	o garrafão	Korbflasche
	o comboio parte à tabela	der Zug fährt pünktlich, nach Fahrplan
	o trabalhador	Arbeiter
	é mais comprido que de costume	ist länger als gewöhnlich
	o costume	die Gewohnheit, der Brauch
	em vez de	statt
	mesmo assim	selbst so, trotzdem
	dezenas de passageiros	zig Reisende
	viajam de pé	reisen stehend
	desde o início	von Anfang an
	lugares vagos	freie Plätze
	de Bordéus em diante	ab Bordeaux
	a confusão vai instalar-se	das Durcheinander beginnt
	cola na janela um papel	er klebt ein Papier an das Fenster
	inf.: colar	
	anunciando	ankündigend = das ankündigt
	inf.: anunciar	
	dali para a frente	ab dort
	deixou de haver	es hat aufgehört zu sein
	o caixote	Kisten
	por todo o lado	überall
	caminhar	gehen
	a Espanha aproxima-se	Spanien nähert sich
	inf.: aproximar-se	
	habituados a uma vida de sacrifícios	gewöhnt an ein entbehrungsreiches Leben
	o sacrifício	Opfer
	reflectem sobre o passado...	denken über die Vergangenheit... nach
	vim a salto	ich kam illegal (ins Land)
	inf.: vir	

o salto	Sprung (*hier:* über die Grenze springen)
o passador	Schlepper
que nos arranjou o patrão	der uns den Arbeitgeber besorgt hat
inf.: arranjar	
sentir-se	sich fühlen
estuda direito	sie studiert Jura
convencer o pai a deixá-la estudar	den Vater überzeugen, sie studieren zu lassen
adoro Portugal	ich liebe Portugal über alles
inf.: adorar	
se Portugal fosse um país rico	wenn Portugal ein reiches Land wäre
desenvolvido, -a	entwickelt
gostava de viver nele	ich würde gern dort leben
a liberdade	Freiheit
aos milhares	zu Tausenden
no Natal	zu Weihnachten
no fundo	im Grunde
para cada um deles	für jeden von ihnen

UNIDADE 10

1	na rota do vinho verde	auf der Route des grünen Weins
	chamaram-lhe verde	man hat ihn grün genannt
	crescer	wachsen
	numa paisagem sempre verdejante	in einer immergrünen Landschaft
	a sua proximidade com o mar	ihre Nähe zum Meer
	os rios	die Flüsse
	conferem-lhe um clima bastante húmido	verleihen ihr ein ziemlich feuchtes Klima
	inf.: conferir	
	bastante	ziemlich
	tem uma vida curta	hat ein kurzes Leben
	um ano depois da colheita	ein Jahr nach der Ernte
	leve	leicht
	a efervescência	das Moussieren
	é cultivado	wird angebaut
	inf.: cultivar	
	o Noroeste	Nordwesten
	uma região que se estende por...	eine Region, die sich ausdehnt über...
	inf.: estender-se	
	desce ao Douro Litoral	sich senkt zum Douro Küstengebiet
	os primeiros vinhos... conhecidos nos mercados	die ersten Weine, die bekannt wurden auf den Märkten
	europeu, europeia	europäisch
	consta que	man sagt, daß...
	inf.: constar	
	uma pipa de vinho	ein Faß Wein
	a libra	Pfund Sterling

A 1	o preço do pão vai subir	der Brotpreis wird steigen
	o habitante	Einwohner
	tripeiro	Kuttelesser
A 2	connosco	mit uns
	o endereço	Anschrift
A 3	no lugar de	an der Stelle von, statt
2	é uma província no Litoral Norte	ist eine Provinz an der Nordküste
	uma região que dá milho	ein Gebiet, das Mais hervorbringt
	sobretudo	vor allem
	em que se produz vinho	in dem Wein erzeugt wird
	inf.: produzir	
	uma indústria têxtil	Textilindustrie
	a mais importante	die wichtigste
	o caldo verde	Kohlsuppe
	bacalhau assado na brasa	Klippfisch in der Glut gebraten
	alegre	fröhlich
	amigo de festas e romarias	Freund von Festen und Wallfahrten
	os produtos agrícolas	landwirtschaftliche Erzeugnisse
	o vinho maduro	reifer Wein
	a indústria naval	Schiffbau
	o calçado	Schuh(industrie)
	as conservas	Konserven(industrie)
	os lacticínios	Milchprodukte
	a indústria metalúrgica	Metallindustrie
	a indústria siderúrgica	Eisenhütten
	a indústria química	chemische Industrie
	tanto... como...	so ... wie
	o Interior Norte	das nördliche Binnenland
	temperaturas médias	gemäßigte Temperaturen
A 4	fabricar	herstellen
	onde se extrai...?	wo gewinnt man...?
	inf.: extrair	
A 5	descrever	beschreiben
	a localização	Ortsbestimmung
	o mapa	Landkarte
	o elemento	Element
	a página	Seite
A 6	ficar bem	gut passen
	fica no cimo de Portugal	sie liegt auf dem Gipfel Portugals
	os ninhos	Nester
	as árvores	Bäume
	um mar de pedras	ein Meer von Steinen
	tudo parado e mudo	alles reglos und stumm
	este solo	dieser Boden
	é capaz de dar pão	ist fähig, Brot zu geben
	parecem relvedos	sehen aus wie Rasenflächen
	a sombra	Schatten

	o céu	Himmel
	senão	außer
	o chapéu	Hut
	a pátria	Vaterland
	aliviado, -a	erleichtert
	a tristeza em pessoa	die Traurigkeit in Person
	a brancura dos corpos e das almas sopra	das Weiß der Körper und der Seelen bläst
	inf.: soprar	
	a roupa	Kleidung
	tece-se	wird gewebt (man webt)
	inf.: tecer	
3	taxas incluídas	inklusive Steuer und Bedienung
	os mariscos	Meeresfrüchte
	a hortaliça	Gemüse
	a sapateira	Krebsart
	a lagosta	Languste
	o linguado grelhado	gegrillte Seezunge
	grelhado, -a	gegrillt
	frito, -a	in der Pfanne gebraten
	a pescada cozida	gekochter Schellfisch
	filetes	Filets
	o entrecote	Rippensteak
	a língua	Zunge
	os escalopes de porco	Schweineschnitzel
	o bolo de amêndoa	Mandelkuchen
	o chantilly	Schlagsahne
	o pudim flan	Karamelpudding
A 7	ser preparada	zubereitet werden
A 8	o pedaço	Stück
	refogado, -a	geschmort
	a cebola	Zwiebel
	a couve galega	Kohlsorte
	fininho, -a	ganz fein
	depois de (a sopa estar) pronta	nachdem die Suppe fertig ist
	um fio de azeite	ein dünner Strahl Olivenöl
	a rodela	Scheibe
	uma espécie de marisco	eine Muschelart
	feito, -a	zubereitet
	a vitela assada	Kalbsbraten
	o cozido à portuguesa	portugiesischer Eintopf
	a caldeirada de peixe	Fisch-Eintopf
	a açorda	Brotgericht
	o gaspacho	kalte Gemüsesuppe
	sardinhas assadas	gebratene Sardinen
	amêijoas na cataplana	Venusmuscheln in der Kupferpfanne
A 9	estão satisfeitos?	hat es geschmeckt?, sind Sie zufrieden?
	satisfeito, -a	zufrieden, satt

	a panela	Topf
	o cabrito	Zicklein
	o forno	Backofen
	a grelha	Grill
	a frigideira	Bratpfanne
A 10	a ementa é variada	die Speisekarte ist reichhaltig
	recomendar	empfehlen
4	acompanhado, -a	als Beilage (begleitet)
	os grelos	Weißrübensproß
	salgado, -a	salzig
	antes quero o bacalhau	lieber nehme ich Stockfisch
	mal passado	kurz gebraten
	bem passado	durchgebraten
K	como entrada	als Vorspeise
	a especialidade da casa	Spezialität des Hauses
A 11	amigável (m./f.)	freundlich
A 12	o pedido	Bestellung
A 13	o cliente	Kunde, Gast
	gentilmente	höflich
	rosé (m./f.)	rosé
	inseguro, -a	unsicher
	o conselho	Rat
	aconselhar	raten, empfehlen
5	a conta	Rechnung
	a fruta da época	Obst der Jahreszeit
	o sorvete = o gelado	Speiseeis
	a baunilha	Vanille
A 14	a reclamação	Reklamation, Beschwerde
	os talheres (faca, garfo, colher)	Besteck (Messer, Gabel, Löffel)
6	a casa de banho	Toilette
	a gente vai saindo	wir gehen langsam raus
A 16	a comida regional	regionale Küche
A 17	tratar por tu	mit du anreden
	tratar por senhor / você	mit Sie anreden
	abrir a janela	das Fenster öffnen
	acender a luz	das Licht anschalten
	comigo	mit mir
	fechar a porta	die Tür schließen
	escutar a cassete	die Kassette anhören
A 18	*O „Papa Açorda“*	
T	a açorda	Brotbrei
	o papa açorda	Schwächling
	as grandes culturas mundiais	die großen Kulturen der Welt
	mundial	Welt..., weltweit

	à base de...	auf der Grundlage von...
	o cereal	Getreide
	o Próximo-Oriente	Nahost
	o Extremo-Oriente	Fernost
	o nome	Name
	as migas	Brotkrumen
	a papa	Brei
	na sua simplicidade básica	in ihrer elementaren Einfachheit
	básico, -a	grundlegend, wesentlich
	com água a ferver	mit kochendem Wasser
	acrescentar	hinzufügen
	o camarão	Krabbe
	criar	erfinden
	refinado, -a	raffiniert
	saboroso, -a	schmackhaft
	dever	verdanken
	um prato finíssimo	ein exquisites Gericht
	inaugurar	eröffnen, einweihen
	em pleno Bairro Alto	mitten im Bairro Alto
	a maioria dos consumidores	die Mehrzahl der Verbraucher
	com o seu ovo esfarrapado	mit ihrem Rührei
	a um preço puxado	zu einem teuren Preis
	o manjar de reis	königliches Gericht
	o rei	König
A 19	ter em comum	gemeinsam haben
	lisboeta	Lissaboner
A 20	a arte	Kunst
A 21	a ocasião	Gelegenheit

UNIDADE 11

1	sabes o que acabei de ver?	weißt du, was ich eben gesehen habe?
	inf.: acabar (de...)	beenden, aufhören... zu
	no tanque da Guidinha	am Waschtrog von Guidinha (= Margarida)
	e aposto que...	und ich wette, daß
	inf.: apostar	
	à volta dele	um ihn herum
	está uma multidão... a rir-se	steht eine Menge und lacht
	ela veio cá ter a criança	sie ist hierhergekommen, um ihr Kind zu kriegen
	engraçado-a	ulkig, ein wunderlicher Bursche
	diz-me lá	sag mal
	nem todos	nicht alle
K	queres ver que	du wirst sehen (*wörtl.:* willst du sehen, daß)
	vais ver que	du wirst sehen, daß
A 1	a divisão	Verteilung
	técnico, -a	technisch

	económico, -a	wirtschaftlich
	complicado, -a	kompliziert
	Anedotas	
	assistem a um concerto	sie sind bei einem Konzert
	inf.: assistir	ansehen, teilnehmen
	em vez de puxar o banco	statt den Hocker heranzuziehen
	último, -a	letzter
	cuidado hem!	nehmt euch in acht!
A 2	os Srs. conseguiram bilhetes?	haben Sie Flugscheine bekommen?
	inf.: conseguir	
A 3	o desenho	Zeichnung
	faça hipóteses	stellen Sie Vermutungen an
	a expressão	Ausdruck, Redewendung
A 4	as lulas	Tintenfische
A 5	como achaste a nossa avó?	wie fandest du unsere Großmutter?
	inf.: achar	
	o morango	Erdbeere
A 6	uma livraria	eine Buchhandlung
	um livro discutido	ein vieldiskutiertes Buch
	o autor	Autor
	a biblioteca	Bibliothek
	a vitrina	Schaufenster
2	sabes lá da minha vida?!	was weißt du, was mir passiert ist?
	o meu cunhado	mein Schwager
	é verdade, pá	wirklich, du
	vamos... ajudá-las a descascar batatas	laß uns ihnen beim Kartoffelschälen helfen
	pôs-me uma faca na mão e pronto	gab mir ein Messer in die Hand und fertig
	inf.: pôr	
	a mão / as mãos (pl.)	Hand
	à porta da tua casa	an deiner Haustür
A 10	o caminho	Weg
	muito prazer em conhecer...	freut mich, ... kennenzulernen
	interromper	unterbrechen
A 11	a ligação	Verbindung
	péssimo, -a	sehr schlecht
	com certeza	natürlich, sicher
	a lavandaria	Wäscherei
3	onde é que tu andas?	wo treibst du dich herum?
	e daí?	na und?
	só te vejo entrando, saindo, vendo..., jogando... namorando	ich sehe dich nur hereinkommen, hinausgehen, fernsehen, spielen, flirten
	a oficina	Werkstatt
	o avô	Großvater
	impossível (m./f.)	unmöglich
	desde quando é que...	seit wann...

A 12	ser respondidas	beantwortet werden
A 13	as condições de trabalho	Arbeitsbedingungen
	o século	Jahrhundert
	ganhar	verdienen
	o seguro social	Sozialversicherung
	as férias pagas	bezahlter Urlaub
A 14	dantes	früher
	a avó / as avós / os avós	Großmutter / Großmütter / Großeltern
	o seu papel na cozinha	ihre Rolle in der Küche
A 15	*Fala o fadista Armando Santos*	
T 1	o fado ... era cantado na taberna	Fado wurde in der Kneipe gesungen
	o fado	typisch portugiesischer Gesang; Schicksal
	a taberna	Kneipe
	antigamente	früher
	começava-se a tocar	man begann (ein Instrument) zu spielen
	as casas comerciais	die kommerziellen Häuser
	comercial, -iais	geschäftlich
	a sociedade = o clube	Verein
	a coisa torna-se mais ligeira	die Stimmung lockert sich
	vadio, -a	vagabundierend
	o fado amador	Amateurfado
	o fado comercial foi... a transposição das tabernas... para essas casas	der geschäftsmäßige Fado war die Verlagerung aus den Kneipen in diese Häuser
	justamente	gerade
	a transposição	Verlagerung
	houve pessoas espertas	es gab gewitzte Leute
	esperto, -a	erfahren
	que arranjaram essas casas	die diese Häuser herrichteten
	o uísque	Whisky
	fascista	faschistisch
	a maior parte das letras	die meisten Texte
	a letra	*hier:* Liedertext
	a letra de contraste	Text, der einen Gegensatz zum Ausdruck bringt
	um fundo moral	ein moralischer Hintergrund
	o Médico e a Duquesa	der Arzt und die Herzogin
	letras objectivas	sachliche Texte
	tinham de andar escondidos a cantar nas tabernas e tudo	sie mußten es verheimlichen, wenn sie in den Kneipen sangen und so
	escondido, -a	versteckt
	e tudo	und all das, usw.
	era proibido	es war verboten
	dar autorização ao fado	den Fado zulassen
	a autorização	die Genehmigung
	transformar-se	sich verwandeln
	quer dizer	das heißt
	era o beijinho nos olhos, nos ouvidos	das war das Küßchen auf die Augen, auf die Ohren
	nos = em + os	in den, auf die

	sinto ciúme	ich bin eifersüchtig
	inf.: sentir	fühlen
	o ciúme	Eifersucht
A 16	um cantor não profissional	ein nicht professioneller Sänger
	ter nada de comum	nichts gemeinsam haben
A 17	marque com uma cruz	kreuzen Sie an
	inf.: marcar	
	a carta de amor	Liebesbrief
	conter uma lição moral	eine moralische Lehre beinhalten
T 2	*Por Alfama à procura do fado*	
	de facto	tatsächlich
	para nossa surpresa	zu unserer Überraschung
	isso acabou	das gibt es nicht mehr
	inf.: acabar	
	a «meia porta»	*wörtl.* Halbtür, Umschreibung für Prostitution
	inf.: existir	
	o que existe ...	was existiert...
	a origem está associada a ...	der Ursprung ist verknüpft mit...
	o facto	Tatsache
	que marcaram	die prägten
	inf.: marcar	
	a abolição da escravatura	die Abschaffung der Sklaverei
	um dos bairros reservados à prostituição	einer der Prostitutionsbezirke
	tal como dantes	so wie früher
	é marcada pela actividade marítima e portuária	ist geprägt von Seefahrt und Hafenwirtschaft
	marítimo, -a	See...
	portuário, -a	Hafen...
	os despachantes	Zollexpedienten
	o funcionário	Angestellter
	a agência de navegação	Schiffahrtsagentur
	à sua disposição	zu Ihrer Verfügung
	a rede	Netz
	a tasca = a taberna	Kneipe
	o comércio variado	vielfältiger Handel
	em busca de...	auf der Suche nach
	enfim sobreviver	kurz: überleben
	os parentes	Verwandte
	ter relação	Verbindungen haben
	a relação	Verbindung, Beziehung
	criou-se assim um espírito fortemente associativo	so hat sich ein starker Gruppengeist gebildet
	inf.: criar-se	
	caracteriza Alfama	der für die Alfama charakteristisch ist
	inf.: caracterizar	
	os clubes recreativos	die Freizeitclubs
	inf.: reunir-se	

recreativo, -a	unterhaltend
onde os homens se reúnem	wo die Männer sich versammeln
ele está vivo!	er lebt
vivo, -a	lebendig
quanto mais... mais...	je mehr, desto mehr

A

a:
~ diária **4,** 2
~ mais… importante **10,** 2
~ pé **5,** 5
~ que horas? **4,** 4
~ senhora *f* **1,** 1
~ tempo **8,** A 10
as três *f* **3,** A 11
às 7 horas **4,** 4
estar ~ morar **3,** T
estar ~ trabalhar **2,** 3
à **3,** K 1
~ esquerda **5,** 4
~ tabela **9,** T 2
~ hora do… **4,** A 5
aberto > abrir:
estar aberto **4,** A 5
abolição *f* **11,** T 2
Abril *m* **7,** A 12
abrir **4,** A 5
acabar **8,** 1
~: isso acabou **11,** T 2
~ de **11,** 1
acalmar-se **9,** T 1
acender **10,** A 17
achar **4,** A 15
acima de: ~ da tabela **9,** T 1
acompanhado > acompanhar: ser ~ **10,** 4
aconselhar **10,** A 13
acontecer **7,** A 10
açorda *f* **10,** 2
acordar **7,** 1
acrescentar **10,** T 1
actividade *f* **1,** A 1
açúcar *m* **6,** A 1
adeus **1,** 5
adeusinho **1,** 6
admirado **5,** A 4 (An)
adorar **9,** T 2
advogada *f* **7,** T
aeroporto *m* **7,** 1
afinal **11,** T 2
afirmação *f* **9,** A 14
africano **8,** T
agenda *f* **8,** A 5
agência *f* **11,** T 2
agora **8,** A 17
Agosto *m* **4,** 8
agradável **10,** 1
agrícola **10,** 2
água *f* **3,** K 2
aguaceiro *m* **9,** 2
aguardentes *fpl* **3,** 5
aí **7,** 3
ainda **4,** 2
ajuda *f* **8,** A 18
ajudar (a) **7,** 1
aldeia *f* **4,** A 10
alegre **10,** 2
além disso **9,** 3
alemão **2,** 5
alentejana: à ~ **6,** 1
alface *f* **6,** 4
algo **8,** A 16
algum: alguma coisa **3,** 1
alho-porro *m* **5,** T 1
ali **5,** 1
aliás **8,** T
alimentar **7,** T
aliviado **10,** A 6
alma *f* **10,** A 6
almoçar **6,** T
almoço *m* **4,** K 4
pequeno ~ *m* **4,** K 2
alternativa *f* **4,** A 15
alto **9,** A 2
aluga-se > alugar **4,** 8
amador *m* **11,** T 1
amanhã **4,** 7
ambiente *m* **6,** T
amêijoa *f* **6,** 1
amêndoa *f* **10,** 3
americano **2,** A 5
amigável **10,** A 11
amigo *m* **5,** A 8
amor *m* **11,** T 3
andar **5,** T 2
~ de guna **5,** T 2
onde andas? **11,** 3
anedota *f* **5,** A 4 (An)
aniversário *m* **8,** 2
ano *m* **7,** 1
fazer anos **8,** 2
antes **10,** 4
~ de **7,** T
antigamente **11,** T 1
antigo **9,** 3
anunciando > anunciar **9,** T 2
ao: ~ café **3,** 1
aonde (Relativ) **8,** A 2
apanhar **9,** 5
aparecer **11,** T 1
apartamento *m* **4,** 8
aperitivo *m* **3,** T
apetite *m*: bom ~ **6,** T
apetitoso **6,** A 11
apostar **11,** 1
apreciar **4,** 1
aprender **2,** K 3
apresentar **3,** T
aproximar-se **9,** T 2
aquele **6,** 4
aqui **2,** 3
árabe *m* **10,** T 1
arranjar **9,** T 2
arroz *m* **6,** A 1
arrumar **7,** 1
arte *f* **10,** A 20
árvore *m* **10,** A 6
as > a **3,** A 11
às > a **4,** 4
~ vezes **5,** T 2
aspecto *m* **9,** A 2
assado > assar **10,** A 8
assim **5,** T 1
assistir **11,** A 1 (An)
associado > associar **11,** T 2
associativo **11,** T 2
até **1,** 6
~ logo **1,** 6
é ~ simples **6,** T
podes ~ bater **5,** T 1
atenção *f* **9,** A 11
atenciosamente **4,** A 11
atrás de **5,** K 5
atrasado **9,** A 15
atraso *m*: com ~ **9,** T 1
através de **7,** A 12
atravessar **5,** 6
atropelado > atropelar **5,** T 2
auditivo:
compreensão auditiva **2,** A 9
australiano **2,** A 6
austríaco **2,** A 5
autocarro *m* **5,** K 1
autor *m* **11,** A 6
autorização *f* **11,** T 1
avançar **9,** T 2

avenida *f* **5,** A 3
aventureiro **5,** T 2
avião *m* **9,** A 11
aviso *m* **9,** A 11
avó *f* **11,** A 5
avô *m* **11,** 3
azeite *m* **6,** A 1
azul **10,** T 2

B

bacalhauzinho *m* **6,** T
bacalhau *m* **6,** T
bagaço *m* **3,** K 2
bagageiro *m* **9,** T 1
bagagem *f* **9,** A 14
bairro *m* **11,** T 2
baixo **9,** A 2
  de ~ de **10,** A 6
banco *m* **4,** A 5
banha *f* **6,** 5
banho *m* **4,** 2
  casa de ~ **4,** 8
bar *m* **4,** 1
barato **4,** 3
barco *m* **10,** T 2
barulhento **4,** 7
base *f*: à ~ de **10,** T 1
básico **10,** T 1
Basílica *f* **5,** 1
bastante **10,** 1
batata *f* **6,** 1
batatinha *f* **6,** 5
bater **5,** T 1
baunilha *f* **10,** 5
bébé *m* **8,** A 10
bebe > beber **3,** 2
bebida *f* **3,** 4
beijinho *m* **11,** T 1
beijo *m* **6,** T
Bélgica **9,** A 12
beliche *f* **9,** T 1
belo **4,** T
bem: está ~ **1,** 5
berço *m* **8,** T
biblioteca *f* **11,** A 6
bica *f* **3,** K 2
bicicleta *f* **7,** A 7
bife *m* **6,** 2
bilhete *m* **9,** A 8
bizarro **11,** T 3
boa **1,** 1
boîte *f* **8,** A 13
bolo *m* **3,** 5
bom, boa **1,** 5
bonito **4,** 7
branco **3,** 5
brancura *f* **10,** A 6
brasa *f* **10,** 2
brasileiro **2,** A 6
bravo **9,** 3
brutal **8,** A 14
busca *f*: em ~ de **11,** T 2
buscar **8,** 1

C

cá: vem ~ **8,** A 14
cabeça *f* **5,** T 1
cabine *f* **4,** A 9
cabrito *m* **10,** A 9
cachorro quente *m* **6,** T
cada:
  ~ pessoa, ~ um **7,** A 13
  ~ vez **8,** T
caderneta *f* **5,** 2
café *m* **2,** T
cair **5,** T 2
caixote *m* **9,** T 2
calçado *m* **10,** 2
caldeirada de peixe *f* **10,** A 8
caldo *m* **6,** A 1
calendário *m* **8,** A 7
calma *f* **9,** A 15
calor *m* **9,** 3
cama *f* **4,** K 2
câmara municipal *f* **5,** A 8
camarão *m* **10,** T 1
caminhar **9,** T 2
caminho *m* **7,** 1
caminhos de ferro *mpl* **9,** 5
campismo *m* **4,** A 15
campo *m* **7,** 3
  ficar no ~ **7,** T
camponês *m* **7,** T
canal *m* **8,** A 4
canção *f* **7,** A 12
caneca *f* **3,** 5
cantar **5,** T 1
cantina *f* **6,** T
cantor de protesto *m* **7,** A 12
capaz (de) **10,** A 6
capital *f* **7,** T
caracterizar **11,** T 2
careca **8,** 4
carioca *m* **3,** 5
carnaval *m* **8,** T
carne *f* **6,** 1
carne picada *f* **6,** A 4
caro **4,** 3
carro *m* **5,** T 1
carruagem *f* **9,** T 1
carta *f* **4,** A 11
  jogar cartas **7,** A 4
cartão *m* **9,** A 8
casa *f*: ~ da padeira **4,** 1
  ~ de banho **4,** 8
para ~ **7,** 1
casado > casar **8,** 4
casal *m* **4,** T
quarto de ~ *m* **4,** 1
casar-se **7,** 4
casinha *f* **7,** A 6
cassete *f* **10,** A 17
castelo *m* **5,** A 7
castigo *m* **11,** T 3
cataplana *f* **10,** A 8
cavalheiro *m* **5,** A 4 (An)
cebola *f* **10,** A 8
cedo **8,** A 10
centeio *m*: pão de ~ **6,** A 4
centro *m* **4,** A 10
cereal **10,** T 1
certeza *f*: com ~ **11,** A 11
certo **1,** A 5; **5,** T 2
a hora certa **9,** A 11
ao certo **11,** T 2
cerveja *f* **3,** 2
cervejaria *f* **5,** A 8
céu *m* **10,** A 6
chá *m* **3,** 2
chamada *f* **4,** 6
chamar um táxi **4,** A 9
chamar-se **1,** 1
chantilly *m* **10,** 3
chapéu *m* **10,** A 6
chato **8,** K 4
chave *f* **4,** 3
chegada *f* **9,** A 7
chegar **7,** 1; T
cheio **5,** A 4 (An)
chocolate *m* **3,** K 2

chorar **11**, T 3
chouriço *m* **6**, A 4
chover **9**, 2
chuva *f* **9**, 2
chuveiro *m* **4**, K 2
chuvoso **9**, 1
cidadã *f* **7**, T
cidade *f* **5**, A 5
cimo *m* **10**, A 6
cinema *m* **3**, A 2
cinza *f* **11**, T 3
circular **5**, T 1
ciúme *m* **11**, T 1
claro **6**, T
classe *f* **9**, A 8
cliente *m* **10**, A 13
clima *m* **9**, 1
coisa *f* **3**, 1
colar **9**, T 2
colega **6**, T
colheita *f* **10**, 1
colher *f* **6**, 5
colorau doce *m* **6**, 5
com **2**, 5
  morar ~ a Maria **3**, T
combinado > combinar **8**, A 5; 5
comboio *m* **9**, 4
começar (a) **7**, 1
comer **3**, 6
comercial **7**, 4
comércio *m* **11**, T 2
comida *f* **6**, T
como? **1**, 1
  ~ é que? **2**, 3
  ~ jornalista **7**, T
  tanto ... ~ **10**, 2
companheiro *m* **9**, T 2
comparar **9**, A 2
comparar-se **9**, A 6
completamente **7**, A 12
completar **3**, A 4
completo:
  pensão completa **4**, K 2
complicado **11**, A 1
compositor *m* **8**, T
compra *f*: ~ de bilhetes **9**, A 8
compras *fpl*: fazer ~ **6**, A 1
compreensão *f*: ~ auditiva **2**, A 9
comprido **9**, T 2
compromisso *m* **8**, A 5
comum: em ~ **10**, A 19
comunicativo **5**, A 14
comunitário **7**, T
concerto *m* **8**, A 5
conclusão *f*, **8**, A 12
condição *f* **11**, A 13
conferir **10**, 1
confortável **4**, 7
conforto *m* **4**, T
confusão *f* **9**, T 2
conhaque *m* **3**, K 2
conhecer **5**, A 7
connosco **10**, A 2
conseguir **11**, A 2
conselho *m* **10**, A 13
conservas *fpl* **10**, 2
constar **10**, 1
construir **2**, A 2
cônsul *m* **7**, 4
consultar **8**, A 8
consumidor *m* **10**, T 1
conta *f* **10**, 5
contacto *m* **7**, T
contar **6**, T
contente **4**, 7
conter **11**, A 17
continuar **1**, A 3
contínuo **9**, 2
contra **8**, T
contraste *m* **11**, T 1
convencer **9**, T 2
conversa *f* **7**, A 9
conversar **7**, 1
convidar **8**, A 11
conviver **6**, T
copo *m* **3**, 2
coro *m* **6**, A 2
corpo *m* **10**, A 6
correio *m* **5**, A 3
correr: ~ um filme **8**, 1
correspondente *m* **7**, 4
cortar **6**, 5
costeleta *f* de porco **6**, A 11
costumar **8**, A 19
couve galega *f* **10**, A 8
cozer **6**, 5
cozido > cozer **6**, A 11
cozinha *f* **4**, 8
cozinhar **7**, A 3
crescer **10**, 1
criança *f* **4**, T
criar **10**, T 1
croissant *m* **3**, 5
croquete *m* **6**, T
cruz *f* **11**, A 17
cruzado:
  palavras cruzadas **6**, A 8
cubo **6**, 5
cuidado **11**, A 1 (An)
cultivado > cultivar **10**, 1
cultura *f* **8**, T
cunhado *m* **11**, 2
curto **10**, 1
custar **4**, 2

D

da > de **4**, 1
daí: e ~ **11**, 3
dança *f* **8**, A 5
dançar **5**, T 1
dantes **11**, A 14
daqui **2**, 5
  ~ a 5 minutos **8**, A 15
daquilo > de aquilo **9**, A 3
dar:
  ~ a resposta **4**, T
  ~ para o jardim **4**, 7
  ~ um filme **8**, K 1
  ~ um passeio **8**, K 1
das > de **4**, 4
dê > dar **6**, 2
de:
  100 km ~ Lisboa **4**, 1
  a 12 ~ Junho **8**, A 8
  a mais ... ~ **10**, 2
  copo ~ leite **3**, 2
  ~ autocarro **5**, A 9
  ~ dia **3**, T
  ~ pé **9**, T 2
  ~ vez em quando **7**, T
  ~ /da manhã **7**, 1
  estar ~ férias **2**, 3
  sou ~ Lisboa **2**, 1
definitivamente **7**, 4
deixar **6**, 5
  ~ de haver **9**, T 2
dele **7**, 3
delícia *f* **6**, 4
delicioso **6**, T
demais **6**, T

dente de alho *m* **6**, 5
dentista *m* **8**, A 5
depois **5**, K 6
~ do almoço **6**, A 13
depressa **7**, 1
descansar **7**, 1
descascar **11**, 2
descer **5**, 3
descobrir **7**, 4
descrever **10**, A 5
desculpa > desculpar **3**, T
desculpe > desculpar **1**, 3
desde **8**, A 2
desejar **3**, 6
desenho *m* **11**, A 3
desenvolvido **9**, T 2
desfilar **8**, T
despachante *m* **11**, T 2
desporto *m* **11**, T 2
desto **5**, T 1
Deus *m* **5**, T 1
devagar **9**, T 1
dever **10**, T 1
Dezembro *m* 8, 3
dezenas *fpl* de **9**, T 2
dia *m*:
bom ~ **1**, 5
de ~ **3**, T
dia-a-dia *m* **7**, 1
diálogo *m* **4**, A 12
diante: de... em ~ **9**, T 2
diária *f*: a ~ **4**, 2
diariamente **6**, A 13
dicionário *m* **10**, T 1
diferença *f* **9**, 6
diferente **9**, 2
difícil **9**, T 2
digam > dizer **7**, A 13
dinamarquês **2**, A 6
dinheiro *m* **7**, A 12
directo *m* **9**, A 8
director *m* **4**, A 9
direita: à ~ **5**, K 4
Direito *m* **9**, T 2
disco *m* **8**, A 6
discoteca *f* **3**, K 1
discutir **8**, A 16
disposição *f* **9**, 5
disto > de isto **9**, A 3
ditatura *f* **7**, A 12
divertido **8**, 4
divisão *f* **11**, A 1
diz > dizer **7**, A 13
do > de **2**, 1
doce *m* **6**, A 1
doce **6**, 4
dominante **9**, T 2
domingo *m* **8**, A 5
Dona *f* **1**, 2
dona: ~ da casa **10**, A 9
donde **2**, 1
dor *m* **11**, T 3
dormir **9**, 5
duas: ~ bicas **3**, 4
duplo: quarto ~ **4**, K 2
durante: ~ o almoço **6**, T
durar **8**, 4
duro **7**, T
dúvida *f* **9**, 2

E

e **1**, 1
é > ser **1**, 2
é que eu... **8**, 1
económico **11**, A 1
efervescência *f* **10**, 1
ele **1**, 2
eléctrico *m* **5**, 1
elemento *m* **10**, A 5
eles **7**, 1
em:
de vez ~ quando **7**, T
~ frente **5**, 1
~ Lisboa **2**, 3
prazer ~ conhecer **11**, A 10
ementa *f* **10**, A 10
emigrante *m* **9**, A 12 (An)
empregado *m* **9**, T 2
encontrar **7**, 2
encontrar-se **8**, 5
endereço *m* **10**, A 2
enfim **11**, T 2
engraçado **11**, 1
então **1**, 5
entender **7**, A 13
entrada *f* **10**, K 4
entrando > entrar **11**, 3
entrar **5**, A 4 (An)
entre outras coisas **9**, A 3
entrecote *m* **10**, 3
entreter-se **7**, 1
entrevista *f* **11**, T 1
época *f* **10**, 5
errado **2**, A 10
erva *f* **6**, T
escalope *m* **10**, 3
escola *f* **7**, 1
escolher **8**, A 3
escolhido > escolher **8**, A 9
escondido **11**, T 1
escravatura *f* **11**, T 2
escrever **7**, 2
escudo *m* **3**, 5
escutar **10**, A 17
esfarrapado **10**, T 1
esmola *f* **10**, T 2
espanhol **2**, K 5
especial **5**, T 1
especialidade *f* **10**, K 4
especialmente **8**, T
espécie *f* **10**, A 8
esperar **7**, T
esperto **11**, T 1
espírito *m* **11**, T 2
esquerda: à ~ **5**, 4
esquiar **9**, A 12
esquina *f* **5**, A 5
esse **6**, 4
está > estar **1**, 5
estação *f* **5**, K 1
~ do ano **9**, A 17
estacionamento *m*:
parque de ~ **5**, A 3
estar:
~ a morar **3**, T
~ com atraso **9**, T 1
~ contente **4**, 7
~ frio **9**, K 3
~ sol **9**, K 3
como está? **1**, 5
sala de ~ *f* **4**, 1
este **1**, 4
estender-se por **10**, 1
estou > estar **1**, 6
estrangeiro *m* **2**, 5; **9**, K 3
estrela *f* **10**, T 2
estudar **7**, A 12
eu **1**, 1
eufórico **5**, A 14
europeu, europeia **10**, 1

evitar **7**, A 15
exactamente **5**, A 8
excursão *f* **8**, K 1
exemplo *m* **6**, T
existir **11**, T 2
explicar **7**, T
exportar **8**, T
exposição *f* **8**, A 13
expressão *f* **11**, A 3
expresso *m* **9**, A 8
extrair **10**, A 4

F

fabricar **10**, A 4
faca *f* **11**, 2
fácil **6**, 5
facto *m* **11**, T 2
  de ~ **11**, T 2
fadista *m* **11**, T 1
fado *m* **7**, T
fala *f* **7**, A 14
falar **2**, K 3
falar *m* **9**, T 2
faltar **6**, 1
família *f* **4**, 1
familiar **6**, T
fantástico **8**, T
farinha *f* **6**, A 1
farmácia *f* **4**, A 5
fascismo *m* **11**, T 1
fascista **11**, T 1
fatia *f* **6**, 3
favor *m:* faz ~ **2**, T
faz > fazer: não ~ mal **3**, T
fazer:
  ~ ... anos **8**, 2
  ~ calor **9**, 3
  ~ compras **6**, A 1
  ~ contactos **7**, T
  ~ sol **9**, 3
  ~ um favor **10**, A 16
  ~ um filme **4**, A 12
  o que fazes? **2**, 3
  tanto faz **3**, T
fechar **4**, A 5
feijão verde *m* **6**, 4
feijoada *f* **6**, T
feira *f* **2**, T
  ~ da ladra *f* **8**, A 13
feito > fazer **10**, A 8
fenómeno *m* **8**, T
feriado *m* **8**, 2
férias **2**, 3
  ~ pagas **11**, A 13
ferver: água a ~ **10**, T 1
festa *f* **5**, A 12
festival *m* **8**, A 2
Fevereiro *m* **8**, 3
fiambre *m* **3**, 5
ficar:
  ~ 3 noites **4**, A 9
  ~ bem **10**, A 6
  ~ livre **4**, 7
  ~ para sábado **8**, 2
  onde fica ...? **2**, 2
filete *m* **10**, 3
filho, filha **7**, 1
filme *m* **4**, A 12
Filosofia *f* **7**, A 12
fim de semana *m* **8**, K 1
finalmente **6**, A 3
fininho **10**, A 8
finíssimo **10**, T 1
fino **6**, 3
fio *m* **10**, A 8
firma *f* **7**, 4
folha *f* **6**, 5
fora **7**, A 4
forma *f* **6**, T
formal **9**, A 2
forno *m* **10**, A 9
fortemente **11**, T 2
fotografia *f* **7**, A 14
francês **2**, K 5
frango *m* **6**, A 1
franguinho *m* **8**, 5
frase *f* **2**, A 2
frente:
  em ~ **5**, 1
frequentado **9**, A 2
frequentar **7**, 4
frequentemente **5**, T 2
fresco **3**, 4
fresquinho **6**, A 9
frigideira *f* **10**, A 9
frio **3**, 4
fritar **6**, 5
fruta *f* **6**, A 1
fumo *m* **10**, T 2
funcionar **3**, 4
funcionário *m* **11**, T 2
fundo *m:*
  no ~ **9**, T 2
  o ~ moral **11**, T 1
futebol *m* **7**, A 4
futuro **7**, 4

G

galeria *f* **8**, A 13
ganhar **11**, A 13
garagem *f* **4**, A 1
garoto *m* **3**, K 2
garrafa *f* **6**, A 4
garrafão *m* **9**, T 2
gaspacho *m* **10**, 2
gelado *m* **3**, A 4
géneros alimentícios *mpl* **6**, A 1
gente *f:*
  a ~ leva **8**, 5
  tanta ~ **5**, T 1
gentilmente **10**, A 13
genuinamente **8**, T
gesto *m* **5**, T 1
ginástica *f* **8**, A 5
gordo **8**, 4
gostar de ... **4**, 7
gosto *m:* com muito ~ **8**, K 2
gota *f* **6**, 5
gozar **4**, 1
grama *m* **6**, 3
grande **4**, A 8
grego **2**, A 5
grelha *f* **10**, A 9
grelhado > grelhar **10**, 3
grelos *mpl* **10**, 4
grupo *m* **2**, 5
guitarra *f* **11**, T 3
guna *f* **5**, T 2

H

há > haver:
  não ~ café **3**, 4
  ~ 15 anos **8**, 4
habitação *f* **4**, 1
habitante *m* **10**, A 1
habituado **9**, T 2
haver **3**, 4
hipótese *f* **11**, A 3
história *f* **7**, A 12
hoje **2**, T

maior **8**, T
maioria *f*: a ~ de **10**, T 1
mais:
~ barato **4**, 3
a ~ importante **10**, 2
e que ~ **6**, 3
~ de ... que **9**, A 5
~ dois colegas **8**, A 16
~ ou menos **1**, 5
~ uma vez **8**, A 18
mal:
estou ~ **1**, K 7
não faz ~ **3**, T
mala *f*, **9**, T 2
malta *f* **8**, 1
maluco **5**, T 1
maneira *f* **6**, T
manhã *f*: de/da ~ **7**, 1
manjar *m* **10**, T 1
manjerico *m* **5**, T 1
manteiga *f* **6**, A 1
manter **6**, T
mão *f* **11**, 2
mapa *m* **10**, A 5
máquina *f* **3**, 4
mar *m* **9**, A 2
marcar **11**, A 17
marcaram Alfama **11**, T 2
Março *m* **8**, 3
margarina *f* **6**, A 1
marginal *f* **9**, T 1
marido *m* **7**, 1
marisco *m* **10**, 3
marítimo **11**, T 2
mas **2**, 3
massa de tomate *f* **6**, A 1
matar saudade **9**, T 2
mau **8**, K 4
me **8**, 1
dê-me **6**, 2
médico *m* **11**, T 1
médio **10**, 2
medo *m*: ter ~ de **9**, T 1
meia-noite **7**, 1
meia pensão **4**, K 2
meio:
~ quilo **6**, 3
no ~ da **5**, A 4
~ de transporte *m* **5**, T 2
~ dia *m* **4**, K 4
melancia *f* **6**, A 7
melão *m* **6**, 4
melhor **8**, 5
menina *f* **1**, 3
menino *m* **1**, 5
menos: mais ou ~ **1**, 5
mentir **11**, T 3
mercado *m* **6**, A 6
Mercado Comum **7**, T
mercearia *f* **6**, A 2 Z
mês *m* **4**, 8
mesa *f* **6**, T
mesmo **2**, A 3; **5**, A 6
~ assim **9**, T 2
metalurgia **10**, 2
metro *m* **5**, K 1
meu **5**, T 1
migas *fpl* **10**, T 1
milhares *mpl* **9**, T 2
milho *m* **10**, 2
militância *f* **7**, A 12
mim **3**, 2
mineral **3**, K 2
minha senhora **1**, 5
minutinho *m* **9**, A 12 (An)
minuto *m* **5**, 5
misto **10**, 3
miúdo *m* **5**, T 2
mobilado **4**, 8
moderno **4**, A 8
módulo *m* **5**, 2
momento *m* **4**, A 12
montanhoso **9**, 1
monumento *m* **4**, 1
moral **11**, T 1
morango *m* **11**, A 5
morar **2**, 3
moreno **7**, A 12
morrer **7**, 4
morte *f* **7**, 4
mostrar **8**, A 20
mudar de **4**, 7
mudo **10**, A 6
muito **1**, 3
~ bem **2**, 5
mulher *f* **7**, 3
multidão *f* **11**, 1
mundial **10**, T 1
mundo *m* **7**, T
municipal **5**, A 8
museu *m* **4**, A 5
música *f* **8**, T
músico *m* **9**, A 4

N

na > em **3**, T
nada **3**, T
~ de comum **11**, A 16
nadar **9**, K 3
namorada *f* **8**, 1
namorar **8**, 4
não **1**, 3
nascer **7**, 4
Natal *m* **9**, T 2
natural **3**, A 3
naturalmente **4**, 6
naval: indústria ~ **10**, 2
navegação *f* **11**, T 2
necessidade *f*: ter ~ **9**, K 3
necessitar **9**, K 3
negativo **11**, T 2
negócio *m* **6**, T
negro *m* **8**, T
nem:
~ sempre **6**, T
~ todos **11**, 1
nenhum **11**, T 1
nesse > em **5**, A 14
neste > em **5**, A 12
nevar **9**, 1
ninguém **7**, 2
ninho *m* **10**, A 6
no > em **2**, K 3
noite *f*:
boa ~ **1**, K 7
da ~ para o dia **9**, 5
nome *m* **10**, T 1
nomeadamente **5**, T 2
normalmente **4**, T
Noroeste *m* **10**, 1
Norte *m* **8**, T
nós **3**, K 2
nós > em **7**, 3
nosso: o ~ professor **2**, T
noutro **9**, A 3
novamente **9**, A 15
Novembro *m* **8**, 3
novo **7**, T
num > em **4**, A 12
número *m* **3**, 3

numeroso **9,** A 2
nunca **6,** T

O

o:
~ senhor **1,** 1
~ que (rel.) **5,** A 4 (An)
~ que? **2,** 3
~ que é que? **3,** A 4
objectivo **11,** T 1
obra *f* **7,** 4
obrigado **1,** 5
ocasião *f* **10,** A 21
ocupado **4,** 7
estar ~ **8,** K 2
ocupar o tempo livre **8,** A 20
oficina *f* **11,** 3
olá **1,** 4
óleo *m* **6,** 1
olha > olhar **3,** T
olhe > olhar **3,** 6
olho *m* **11,** T 1
onde...? **2,** 2
~ é que? **2,** 4
para ~ ? **4,** 6
ontem **7,** 2
operário *m* **7,** T
opinião *f* **8,** A 20
oposição *f* **7,** A 12
óptimo **1,** 6
ora **5,** 6
origem *f* **8,** T
os senhores **3,** 4
ou **1,** 5
ouça > ouvir **7,** A 13
Outono *m* **9,** K 1
outra vez **7,** 1
outro **6,** A 13
Outubro *m* **8,** 3
ouvido *m* **11,** T 1
ovo *m* **6,** A 1

P

padaria *f* **6,** A 2 Z
padeira *f* **4,** 1
pagar **5,** T 2
pagas: férias ~ **11,** A 13
página *f* **10,** A 5
pai *m* **7,** A 8
pais *mpl* **7,** 3
país *m* **6,** A 14
paisagem *f* **10,** 1
palavra *f* **9,** A 8
panela *f* **10,** A 9
panorâmico **4,** 8
pão *m* **3,** 5
pão de centeio *m* **6,** A 4
papa *f* açorda **10,** T 1
papel *m* **9,** T 2; **11,** A 14
papelaria *f* **5,** A 8
para: **9,** 6
~ a Alemanha **4,** 6
~ beber **3,** 6
~ casa **7,** 2
~ mim **3,** 2
~ o directo **9,** 6
~ onde ? **4,** 6
~ poder passar **5,** T 2
dar ~ o jardim **4,** 7
parado **10,** A 6
paragem *f* **5,** 1
parar **9,** A 10
parecer **10,** A 6
parentes *mpl* **11,** T 2
parque *m* **3,** T
~ de estacionamento **5,** A 3
parte *f*: toda a ~ **11,** T 2
partida **7,** A 12
partir (para) **9,** 4
a ~ de **4,** K 4
passado **8,** A 2
mal/bem ~ **10,** 4
passado *m*: **9,** T 2
passador *m* **9,** T 2
passageiro *m* **9,** A 8
passaporte *m* **4,** 2
passar:
~ a noite **5,** T 1
~ por **5,** 6
passeio *m* **8,** K 1
pastéis de bacalhau **8,** A 2
pastelaria *f* **3,** 5
patrão *m* **9,** T 2
pátria *f* **10,** A 6
pé *m:*
a ~ **5,** 5
de ~ **9,** T 2
peça > pedir **5,** A 4
pecado *m* **11,** T 3
pedaço *m* **10,** A 8
pedido *m* **10,** A 12
pedra *f* **10,** A 6
peixe *m* **6,** A 1
pelo > por **5,** 6
pena *f:* que ~ ! **8,** 2
pensão *f:* ~ completa **4,** K 2
meia ~ **4,** K 2
pensar **8,** T
pequeno **4,** 1
perdão *m* **5,** A 4 (An)
perder **7,** 1
perfume *m* **5,** T 1
perguntar **5,** A 4 (An)
períodos verdes *mpl* **9,** A 8
personalidade *f* **8,** A 9
perto:
aqui ~ **5,** 4
~ de **4,** 1
peruano **2,** A 6
pescada *f* **10,** 3
pescador *m* **4,** A 10
pescar **7,** A 6
péssimo **11,** A 11
pessoa *f* **4,** 3
pessoalmente **11,** A 18
petiscar **6,** T
picado **6,** A 4
pimenta *f* **6,** 5
pimento *m* **6,** 1
pinheiral *m* **9,** 3
pipa *f* **10,** 1
piquenique *m* **8,** 2
piri-piri *m* **6,** 5
pisado > pisar **6,** 5
piscina *f* **4,** A 1
planta *f* **5,** A 5
plataforma *f* **5,** T 2
pleno: em ~ **10,** T 1
pobre (*m*) **7,** A 12
pode > poder **4,** 1
poema *m* **7,** 4
poeta *m* **7,** 4
pois:
~ bem **5,** 6
~ é **4,** T
polícia *m* **5,** T 1
político **7,** A 12
poluído **9,** A 2
ponta *f*: na hora de ~ **9,** T 1
ponte *m* **2,** 2

ponto *m*: em ~ **7**, 1
popular **2**, T
por:
  ~ cá **7**, 3
  ~ favor **4**, A 2
  ~ pessoa **4**, 3
porco *m* **6**, 1
porquê… **5**, T 1
porque… ? **2**, A 7
porta *f* **10**, A 17
portaria *f* **7**, A 9
portuário **11**, T 2
português **2**, 5
pôs > por **11**, 2
possibilidade *f* **8**, A 2
possível: o mais … ~ **9**, T 1
postal *m* **5**, 5
pouco: um ~ caro **4**, 3
povo *m* **5**, T 1
pra = para **7**, 2
praça *f* **5**, A 3
praia *f* **4**, A 10
prático **6**, A 6
prato *m* **6**, 1
prazer *m*: muito ~ **1**, 3
precisar de **6**, 4
preciso: ser ~ **6**, 1
preço *m* **9**, A 2
preferido > preferir **5**, T 2
prefiro > preferir **3**, 2
preparar **7**, 1
presente *m* **9**, T 2
presunto *m* **6**, 3
preto **6**, 4
prezado **4**, A 11
Primavera *f* **9**, K 1
primeiro **5**, K 3
privacidade *f* **9**, 5
problema *m* **6**, T
procura *f* **11**, T 2
procurar **1**, A 5
produto *m* **10**, 2
produzir **10**, 2
professor *m* **2**, T
profissão *f* **7**, A 15
profissional **11**, A 16
programa *m* **8**, A 3
proibido > proibir **11**, T 1
prometer ser **8**, T
pronta: depois de ~ **10**, A 8
pronto (*m*) **6**, T
proposta *f* **9**, 5
prostituição *f* **11**, T 2
protesto *m* **7**, A 12
provar **6**, 5
província *f* **7**, T
proximidade *f* **10**, 1
próximo **8**, 5
publicar **7**, 4
pudim flan *m* **10**, 3
puto *m* **5**, T 2
puxa! **9**, A 12 (An)
puxado: preço ~ **10**, T 1
puxar **11**, A 1 (An)

Q

quais? > qual? **9**, A 8
qual? **5**, 1
qualidade *f* **6**, A 6
qualquer **10**, T 2
quando… **6**, T
  de vez em ~ **7**, T
  quando? **4**, 4
quanto… ? **3**, 5
  quanto mais… mais… **11**, T 2
quarta-feira *f* **8**, 2
quarto **4**, 5
quarto *m*: ~ de casal **4**, 1
quase **5**, T 1
que:
  a ~ horas? **4**, 4
  consta ~ … **10**, 1
  o dia em ~ … **5**, A 14
  o programa ~ … **8**, A 3
  o ~ é ~ ? **3**, A 4
  o ~ ? **2**, 3
  para ~ é? **5**, T 1
  ~ horas… ? **4**, 5
  ~ profissões? **7**, A 15
  ~ surpresa! **3**, T
  ~ tal? **6**, 1
  ter ~ descer **5**, 3
quê: não tem de ~ **4**, 4
queijo *m* **3**, 5
quem: ~ é? **1**, 2
quente **3**, 2
querer **3**, 6
quilo *m* **6**, 2
química: indústria ~ **10**, 2
quinta-feira *f* **8**, A 5
quiser **9**, T 1

R

radioso **4**, 1
raíz *m* **8**, T
rapariga *f* **8**, A 10
rapaz *m* **8**, A 10
rápido *m* **9**, A 8
receber **9**, A 4
reclamação *f* **10**, A 14
recolha *f* **8**, T
recomendar **10**, A 10
recreativo: club ~ **11**, T 2
rede *f* **11**, T 2
redução *f* **9**, A 8
referir-se **9**, A 8
refinado **10**, T 1
reflectir **9**, T 2
refogado > refogar **10**, A 8
reforma *f* **7**, T
refrigerantes *mpl* **3**, 5
regado > regar **6**, T
região *f* **9**, 1
regional **10**, A 16
regressar **7**, 4
rei *m* **10**, T 1
relação *f* **11**, T 2
relacionar com **7**, A 14
relaxar **9**, 3
relvedo **10**, A 6
repente: de ~ **11**, 2
repetir **6**, A 5
reservado **9**, A 2
reservar **9**, 6
resolver **6**, T
responder **5**, A 4 (An)
respondido > responder:
  11, A 12
resposta *f* **1**, A 5
restaurante *m* **3**, K 1
resultado *m* **9**, A 14
reunir-se **11**, T 2
revolução *f* **7**, A 12
rico **9**, T 2
rio *m* **10**, 1
rir-se **11**, 1
ritmo *m* **9**, A 2
rodela *f* **10**, A 8
romaria *f* **10**, 2
rosé **10**, A 13

rosmaninho *m* **6,** A 11
rota *f* **10,** 1
roupa *f* **10,** A 6
rua *f* **5,** 4
rufia *m* **11,** T 3
russo **2,** A 5

S

sábado *m* **8,** 2
saber:
  não sei **2,** T
  sei lá **8,** 5
saboroso **10,** T 1
sacrifício *m* **9,** T 2
saída *f* **8,** 5
saindo > sair **10,** 6
sair **5,** K 3
  ~ de casa **7,** 3
sal *m* **6,** A 1
sala *f* **4,** 1
salada *f* **8,** 5
salgado > salgar **10,** 4
salsa *f* **6,** 5
salto *m*: a ~ **9,** T 2
samba *m* **8,** A 16
sandes *f* **3,** 5
são > ser: ~ 2 cervejas **3,** 4
sapateira *f* **10,** 3
sardinha *f* **10,** A 8
satisfeito **10,** A 9
saudade *f* **9,** T 2
Sé *f* **5,** A 7
seco **3,** 5
secretaria *f* **7,** 1
século *m* **11,** A 13
sede *f* **3,** 1
seguinte **8,** A 11
segunda-feira *f* **8,** A 5
segunda **5,** K 3
seguro social *m* **11,** A 13
sei > saber **2,** T
selo *m* **5,** 5
sem **4,** K 2
semana *f* **4,** 2
sempre **1,** 5
senão **10,** A 6
senhora *f* **1,** 1
sensação *f* **8,** T
sentar-se **7,** 1
sentir-se **9,** T 2
ser **1,** 2
  ~ do povo **5,** T 1
  ~ preparado **10,** A 7
seria > ser **8,** T
Serra *f* **6,** A 6
serve > servir **4,** 3
serviço *m* de restaurante **4,** 4
servido: são servidos **6,** A 12, Z
servir **4,** 4
Setembro *m* **4,** 8
seu: o ~ passaporte **4,** 2
sexta-feira *f* **8,** A 5
siderurgia *f* **10,** 2
significar **8,** A 16
sim **1,** 3
  não... mas ~ **9,** A 15
simpatia *f* **5,** T 1
simpático **5,** T 1
simples **6,** A 12
simplesmente **4,** 1
simplicidade *f* **10,** T 1
sinal *m* **7,** A 12
situação *f* **9,** A 10
situado a 100 km **4,** 1
snack-bar *m* **3,** A 2
só **3,** 4
  ~ quando... **7,** 1
  está ~ **3,** T
sobre nós **7,** T
sobremesa *f* **6,** T
sobretudo **10,** 2
sobreviver **11,** T 2
social **11,** A 13
sociedade *f* **11,** T 1
sofá-cama *f* **4,** T
sol *m* **4,** 1
solo *m* **10,** A 6
sombra *f* **10,** A 6
sonho *m* **10,** T 2
sopa *f* **6,** 5
soprar **10,** A 6
sorvete *m* **10,** 5
sossegado **4,** 7
sossego *m* **4,** T
sou > ser **1,** 2
sozinho **9,** A 14
subir **10,** A 1
sugerir **8,** T
suíço **2,** K 5
Sul *m* **7,** 4
sumo *m* **3,** A 3
sumol *m* **3,** K 2
supermercado *m* **5,** A 3
suplemento *m* **9,** 6
surgir **7,** 4
surpresa *f* **3,** T

T

tabacaria *f* **5,** A 3
taberna *f* **11,** T 1
tabuleta *f* **9,** A 7
taça *f* **3,** 5
tal como dantes **11,** T 2
talento *m* **8,** T
talheres *m* **10,** A 14
talho *m* **6,** A 2, Z
também **2,** 1
tanque *m* **11,** 1
tanto **3,** T
  queria ~ **9,** K 3
  ~ ... como **10,** 2
  ~ faz **3,** T
tão **5,** T 1
tarde *f*:
  boa ~ **1,** 1
  à ~ **2,** T
  de ~ **7,** 1
tarifa *f* **9,** A 8
tasca *f* **11,** T 2
taxa *f* **10,** 3
táxi *m* **4,** A 9
te **8,** 1
teatro *m* **3,** A 2
tecer **10,** A 6
técnico **11,** A 1
telefonar **4,** 6
telefonema *m* **9,** A 4
telejornal *m* **8,** A 4
televisão *f* **4,** 7
temperado **9,** 1
temperar **6,** 5
temperatura *f* **10,** 2
tempo *m* **3,** K 1
  ~ livre *m* **8,** A 20
  a ~ **8,** A 10
  como está o ~ ? **9,** K 3
tenho > ter **3,** 1
ténis *m* **7,** A 4
tenríssimo **6,** 2
tenro **6,** 2

U

V

Z

QUELLENVERZEICHNIS

Seite 12: Süddeutscher Verlag, München (4x)
Ullstein – Camera Press Ltd/Karsh of Ottawa (M. E. Vieira da Silva)
Ammann Verlag, Zürich (F. Pessoa)
Seite 26: Von Rahden, Hamburg
Seite 29: Herbert Schiessl, Unterföhring
Seite 49: Von Rahden, Hamburg (1x)
Herbert Schiessl, Unterföhring (2x)
Alfred R. Gergmaier, Wurmannsquick (1x)
Seite 53: Rita Kohlmann, München
Seite 54: Von Rahden, Hamburg
Seite 56: Peter Moerkerk, Unterhaching
Von Rahden, Hamburg
Seite 61: V. Majic KG Filmprod. München
Seite 64: V. Majic KG Filmprod. München
Seite 67: Von Rahden, Hamburg
Seite 71: Peter Moerkerk, Unterhaching
Seite 73: Peter Moerkerk, Unterhaching
Seite 75: Peter Moerkerk, Unterhaching
Seite 81: Helmut Wagner, Einbeck
Seite 90: Peter Moerkerk, Unterhaching
Seite 92: aus BAZAR no 14, 1986 (M. Marante)
Peter Moerkerk, Unterhaching
Seite 93: Peter Moerkerk, Unterhaching
aus O Jornal ilustrado v. 17./23. 7. 1987
Seite 94: Von Rahden, Hamburg (2x)
Peter Moerkerk, Unterhaching (1x)
Ferdinand Joesten, Ostrach 1 (1x)
Xenia von Bahder, Kleinrinderfeld (1x)
Seite 95: Von Rahden, Hamburg
Seite 104: Von Rahden, Hamburg
Seite 106: Leonore Ander, München
Seite 107: Wolfgang Hesse, München
Seite 109: E. Stiefenhofer, Ismaning
Seite 110: Peter Moerkerk, Unterhaching
Seite 111: Von Rahden, Hamburg (3x)
Peter Moerkerk, Unterhaching (1x)
Seite 112: Rita Kohlmann, München
Seite 116: Süddeutscher Verlag, München (3x)
Seite 120: Von Rahden, Hamburg
Seite 126: Gabriela Schmid, München
Seite 127: Peter Moerkerk, Unterhaching
Seite 129: Barbara Hinz, München
Seite 130: Xenia von Bahder, Kleinrinderfeld (2x)
Peter Moerkerk, Unterhaching (1x)
Herbert Schiessl, Unterföhring (1x)
Frank Wunschmann, München (1x)
Seite 131: Von Rahden, Hamburg
Seite 133: Peter Moerkerk, Unterhaching
Seite 135: Von Rahden, Hamburg
Seite 141: Von Rahden, Hamburg
Seite 143: V. Majic KG Filmprod. München
Seite 159: Barbara Hinz, München
Seite 160: Peter Moerkerk, Unterhaching
Seite 160: Tudo isto é fado, © 1950 by MUSICA DEL SUR, Barcelona. Für Deutschland, CSSR, Polen und Rumänien: Peer Musikverlag GmbH